遠流

阿德勒的幼兒教養課

培養孩子面對挑戰的勇氣

Parenting Young Children

Don Dinkmeyer, Gary D. McKay & James S. Dinkmeyer 著
王敬仁 譯

目錄

導讀

【導讀】

阿德勒傳授教養智慧

張英熙

治病、強身兩相宜的阿德勒心理學

阿德勒（Alfred Adler, 1870-1937）是出生於奧地利維也納的猶太人，家中有六兄弟，他排行老二。阿德勒童年時體弱多病成績不佳，大哥相貌堂堂才能出眾，這讓阿德勒感到十分自卑。經過不斷地努力及父親的鼓勵，他克服自卑感，最後成為懸壺濟世的醫師。這番超越自卑的經驗，很清楚地反映在他的理論中。

阿德勒曾撰文讚賞佛洛依德的論述，因而受邀參與精神分析學會與佛洛依德共事，然而他強調社會文化、人際關係對人格的影響，終因理念不合與佛洛依德決裂。辭去精神分析學會主席後，他創立個體心理學（Individual Psychology），強調每個人的獨特性，認為關懷他人勝過關懷自己的社會情懷是心理健康的重要指標。

阿德勒心理學發展至今已近百年歷史，其理論具有原創性及前瞻性，對於現代心理治療發展影響甚鉅。不同的應用層面包括兒童諮商、遊戲治療、個別及團體諮商、婚姻諮商及諮商督導等領域。該學派被譽為人本心理學的先驅，理性情緒治療的非理性信念、溝通分析中的生活腳本、家族系統觀點、短期諮商的風格、敘說治療正向觀點等，都可以在阿德勒心理學中找到原創的種籽。

阿德勒認為預防勝於治療，強調心理健康的知識要廣為傳播，才能提升社會大眾心理生活品質。他成立兒童輔導中心，積極走入社區、學校，協助父母及教師了解教養兒童的方法。

六歲定一生！

國中學生出現不服管教、打架滋事或逃學蹺課等問題行為時，老師難免會感慨地評論「小學老師沒教好」，或者加上一句「家教有問題」。國小學生調皮搗蛋、無心學習或目無尊長時，老師可能搖著頭說「幼兒園老師沒教好」，或者加上一句「家教有問題」。當幼兒園老師發現幼兒來上學時咬人、亂跑或不聽話，只能語重心長地說「家教有問題」。不同階段老師所持的觀點都指向同一方向，認為父母的教養方式，對孩子的發展有長遠而重要的影響。這想法雖是平凡無奇的「常識」，阿德勒心理學（Adlerian Psychology）對這普通常識提出深入、豐富、合理且令人折服的解說。

孩子在年幼時就依個人對環境的理解，運用創造力建構出個人的獨特觀點，包括對自己的看法、對他人的看法以及對世界的看法。孩子根據這些看法，發展出一套對應的方式，這生活型態自幼兒成形後大體上是穩定且維持一生不易改變。影響生活型態的因素就是年幼時的經驗，這些經驗包括出生的排行、遺傳、性別、家庭氣氛、家人關係、家庭價值以及父母管教方式等。

愛，也需要有智慧

為了汽車駕駛安全，各國都明文規定人們先要接受訓練、模擬道路駕駛，最後通過測驗取得駕照才能開車上路。成為父母比駕駛汽車有更複雜難以控制的變項，卻毫無任何職前訓練。父母各憑本事，管教時難免犯下各種錯誤。過度寵愛、專制嚴厲、忽視放任可說是三種毒害孩子最常見的問題。這類管教下，孩子可能會過度自我膨脹或嚴重缺乏自信、無法與他人合作、喪失自我價值並感到氣餒。

父母對孩子的關愛，還需要加上智慧，方法得當才能造就孩子。阿德勒心理學認為父母管教目標在於幫助孩子成為負責、合作、自愛愛人的人。為了完成這目標，父母需要理解孩子的世界，有效傳遞關愛與鼓勵，藉由親子的正向情感連結，建立孩子的自尊、自信與歸屬感，為孩子合作及關懷他人的能力奠定深厚基礎。此外，父母還要學會運用「我」的訊息、自然合邏輯的結果，為孩子設立界限，發展自律與責任感。近年教育部所倡導的正向管教，可以在阿德勒心理學中找到立論基礎及實用技巧。

臺灣出版界近年吹起一陣阿德勒心理學的風潮，相關書籍紛紛發行，這可說是國人的福音。在眾多出版品中，《阿德勒的幼兒教養課》關注人格最初養成的階段，有其獨特的貢獻，對父母或教育者而言，無疑是最佳入門書。本書是阿德勒親職教育的經典系列「父母系統效能訓練」（STEP, Systematic Training for Effective Parenting）中的一冊，是家長訓練團體指定教材，可用在每週父母讀書會裡，也是不容錯過的自助叢書。本書中文版一九九五年在臺問世，即由遠流出版公司策劃，論述平實易懂，方法具體可行，故能歷久彌新。本次改版推出，欣見書名上亮出阿德勒的名號，可說是正本清源，不但讓讀者能掌握本書的理論脈絡，也有助於進行深度閱讀與學習。

【導讀者簡介】 張英熙，彰化師範大學輔導與諮商學系博士、諮商心理師國家特考通過，目前任職臺北市立大學幼兒教育學系助理教授。多年鑽研阿德勒心理學鼓勵原則，發展鼓勵訓練方案協助家長及教師，並出版書籍《看見孩子的亮點：阿德勒鼓勵原則在家庭及學校中的運用》（張老師出版）。與妻子吳珍時常一起主持工作坊，他們育有四名子女，認為孩子是上帝所賞賜最棒的禮物，而養育子女的喜悅與眼淚，讓人變得更成熟。

推薦

一九九七年，我在新加坡學習「父母效能系統訓練」課程，一九九九年起，則在馬來西亞開始帶領這套課程，及至回到臺北又於二〇〇八年起，在大臺北地區帶領高效能父母課程，《阿德勒的父母成長課》系列三書，一直是我在教養兩個女兒，以及領導其他家長學習這套親職課程時，不可或缺的教科書。因此今天，我和兩個女兒的關係親密而良好，講座分享、課程帶領也獲得無數家長的肯定，都應該要歸功於這套書籍，特別是，我自己所出版的兩本書《高效能父母學》、《孩子為什麼會這樣》，必須說，如果沒有這套書籍為我奠基、加持，我應該無法將它們完整地書寫出來。

「父母效能系統訓練」課程雖然已有四十年的歷史，然而，無論是運用在教養以前的孩子，或是現代的孩子，都證實是切實可行、成效驚人的教養法，所以，如果你努力學習扮演好父母的角色，卻依然覺得辛苦又挫折，那趕快來了解一下到底自己是哪裡搞錯了？我相信從這套系列書籍中，你，一定可以找出解答，並且成為一個稱職又愉快的父母！

——「父母效能系統訓練」資深領導員　**李顯文**

很多人，包括我在內，都是「開始當父母以後，才開始學習怎麼樣去當父母」的。所以，當父母不但是人生中一個重要的考驗，也是絕對需要「自學」的課程。幸運的是，目前市面上已經有許多親職教育的書籍，幫助我們如何去當一個稱職且有效的父母。

「阿德勒學派」藉由探討兒童行為背後真正的目的，教導父母有效的引導孩子，把錯誤目標與行為變成獨立自主、負責的表現——以「鼓勵」代替「讚美」，以「自然而合理」的後果代替「懲罰」，以「反映式傾聽」和「我的訊息」，增進父母與孩子間的溝通與了解。

本系列三書的特色在於教導父母如何了解孩子的「需要」及「能力」，建立「可達成的目標」；以積極的溝通和適當的鼓勵，為孩子建立自信心與溝通的能力。以合理的限制與充分的自由，培養孩子自律的精神，進而勇於面對挑戰、克服挫折，成為一個負責任、有自信、充滿愛的健全成人。

——親子作家　陳安儀

前言

為人父母是既有樂趣又具挑戰性的一件事。再充分的計畫、再高的遠見，也不足以讓你覺得已完全做好準備面臨第一個嬰兒出生所帶來的新境界。從嬰兒出生的那一刻起，你的生活已永久地改變；你與一個從未認識的人結下了愛的關係，並與這個初次謀面的人立下一生的承諾！在你與嬰兒間的關係中，你承擔的是一個新角色，這角色幾乎影響你生活中的每一部分。

最初五年的生命中，小孩子的變化既快速又富戲劇性，為人父母者也必須跟著調整自己的腳步。好不容易等到孩子終於能好好睡覺，一覺到天明，就在此時，他竟然不再睡午覺，搞亂了你的生活常規；你一直盼望著他能學會爬，卻在他會爬之後的下一個禮拜發現他爬在高高的桌上；好不容易哭鬧一陣子才長出來的乳牙，還未充分用到就已開始掉了；他最常說的話從「爸爸」「媽媽」，變成「不要」！從他開始會問問題那天起，他每天總有問不完的為什麼……

你是孩子的第一個，同時也是最具影響力的老師。在學習如何變通與適應你那無時不在變化中的小孩之時，你同時也發展了一些技能，來指導、鼓勵成長中的孩子。

在嬰兒期，當他哭泣時你安撫他，於是他開始意識到他是受重視的，而且知道人是值得信賴的；在他兩歲時，你把又哭又鬧的他拖出商店，讓他學習到「限度」的意義；在他五歲時，你教他學習騎單車如何轉彎，他學到的是問題解決的技巧……

這些就是教養幼兒的種種滋味。本書的目的如下：

- 提供展望教養幼兒的長期目標。
- 幫助了解幼兒的思考、感覺及行為。
- 提供教養幼兒的技巧，增進你做父母親的樂趣及效能。
- 提供培養孩子自尊心及信心的技能。
- 支持身為父母及一個平常人的信念。

本書中的原則及技巧能幫助你在扮演父母親的角色時，感到更有信心。根據「父母效能系統訓練」（Systematic Training For Effective Parenting, STEP）的原則，本書提出一套具有一致性、積極性及民主式的教育方法。本書把「父母效能系統訓練」的原則及方法，應用到教養嬰兒、幼兒及學前兒童的特殊挑戰上。本書可以做為你在培養孩子健全信念、行為時的良伴，但願這本良伴能幫孩子建立終生積極成長的基礎。

是的，身為父母確實是個很大的挑戰，但是在這挑戰當中同時也充滿各種機會，讓父母及孩子雙方都能經歷到許許多多的樂趣及成就感。本書讓你能以無比的信心面對這個挑戰與機會。

1

兒童發展與父母角色

每個孩子都有其特殊的性情或行為方式，並有其特別的發展速度及發展型態。教養孩子的目的在於配合他們獨有的特質，而不在於試圖改變這些特質。

長久以來，身為父母者覺得，若能把小孩撫養成人，就算是大功告成了；假若孩子能倖存於疾病、意外及暴力之外，父母親就算是盡了他們的天職。

現在的孩子受益於先進的醫藥及科技，有著更好的生存條件，但是身為現代的父母，角色則比以前更複雜了。他們期望培養孩子長大能：

- 負責任、合作
- 有勇氣
- 快樂，並能享受生活
- 有所成就
- 尊重他人的感覺及財物
- 有禮貌、慷慨
- 誠實
- 愛家庭、家人及自己
- 與他人和睦相處
- 自我信賴
- 在困難中尋求機會

好長一串！

如果我們能記住這一串的理想，意在激勵、指導我們，而不在增加我們的負擔，如此這些目標才有益處。

從嬰兒出世那一刻起，父母開始設法塑造、影響孩子的行為。但是，每一個孩子都有一些特質，這些特質是構成獨特個體的一部分，不是身為父母能控制得了的。在努力灌注孩子合作、負責、勇敢這些理念之時，我們最好也能了解這些與生俱來的特質，及其在塑造兒童人格中扮演的角色。

發展基礎：構成兒童個體的基本特質

每個孩子都有自己特殊的性情或行為方式，並有各自的發展速率及發展型態。教養孩子的目的在於配合他們獨有的特質，而不在於試圖改變這些特質。

性情

根據某些專家的研究，嬰兒生來具有其個別的性情，這性情在兒童期這段時間基本上維持不變。性情與智力或才能毫不相關，是孩童與生俱來的獨有特質。

有些孩童吃飯與睡覺的時間都相當有規律，有些孩子則難以預測；有些孩童對吵鬧、燈光及新口味很容易接受，有些孩童則容易受周圍環境變化的刺激而發怒；有些孩子的注意力容易集中，有些孩子則較容易因其他事物的吸引而分神。每個孩子的反應方式或型態，正是其個性的反映，我們必須了解的是小孩某些行為表現是「天生如此的」。

在認識並接受孩子的性情之後，我們才能更深入地了解孩子，更進一步幫助我們珍惜並且包容孩子的特殊風格。

發展速率

兒童的發展也有個別的速率及個別的型態，在達到發展的里程碑上，每個孩子各有不同的時間表。長牙齒的時間大致上在出生時已決定，爬行學走、大小便訓練這些事項，在某種程度上也可以說是在出生時已決定。兒童發展圖表上展示的是兒童表現某些事件的「平均年齡」（見表1-1），問題是沒有一個兒童總是在「平均數」上，每個兒童總會有一個或數個發展行為，跟圖表上不一樣。

一歲大的小旺和爸爸在雜貨店碰到鄰居盧太太。「小旺會說話了吧？」盧太太問道。「他會說幾個單字。」小旺的爸爸答道。「奇怪！我的小女兒在同年齡時，早就會說上好幾十個單字了！」盧太太半責怪地說。「只要時機一成熟，小旺自然會多說一些話的。」小旺的爸爸說。

我們應該以尊重孩子發展的速度來幫助孩子。在幫助兒童的發展上我們的主要工作是觀察、接納，並提供機會，而不是揠苗助長。就以嬰兒學爬為例，我們應該給嬰兒足夠的時間與空間，讓他們在地板上、在時機成熟時有機會學爬，而不是一味地送嬰兒到「爬行訓練班」上課。

發展型態

孩子依他們自己的型態而發展。有些孩子學習的熱忱無可比擬，他們能公然地在大眾面前學習，一點也不怕獻醜；有些孩子則非等到他們能熟習一事後，才敢公然表現出來。有些孩子在還說不出一個清晰的單字以前，就樂於哇哇學語；有些孩子則非要等到能說出整個句子，否則一語不發。有些孩子在生理、情緒、智能及社會能力上的發展步調相同；有些孩子則是一個領域一個領域地慢慢發展。

表1-1 ○至五歲發展階段一覽表

年齡	孩子學些什麼	特質和能力
出生到3個月	信任，合作，及個人權威（例如：哭的效果）	能抬頭，抓持，出聲，微笑，接觸他人時報以微笑，表現沉悶、興奮、高興、無聊，吃睡開始趨向規律化。
3～6個月	經由身體之移動來影響環境	透過扶持能坐著，能伸展探取物品，能突然地抓取物品，模仿聲音，口頭表示喜怒，認得熟悉物品，相當社會化。
6～9個月	對自己行為造成的結果更加察覺	能坐，扶持時能站立、爬行，能以拇指及食指抓起小件東西，用杯子喝水，有深度知覺，變得更具獨立性——反抗壓力，模仿行為，也許會叫「爸爸」「媽媽」，也許知道自己名字，注意到別人的感覺（尤其是其他小孩的）——與他們一起哭或笑，對陌生人感到焦慮不安、甚至對熟人也會表現出害怕。
9～12個月	對行為造成的結果更加察覺	會爬著上下樓梯，會站，抓持的功夫益趨成熟，給他們穿衣時往往很合作，也許會說幾句話，表現並能體會情緒，對非語言式的溝通有所知覺，往往很情緒化，更加斷然，害怕陌生人，怕與媽媽分離。
1歲	開始有自信	能走（約在15個月大時），喜歡探索，愛倒空、填滿東西，拋、丟東西，能自己吃東西，要求獨立、同時也要有所依賴，語言比較清晰，逐漸成為幼兒。

2歲	更有自信，更加熟練	變得更具獨立性——什麼都要自己來，有時會回歸到嬰兒期，自由走動而不再東撞西撞，能說2～4個字的句子，喜歡說「不」，開始問「為什麼」「什麼」等問題，注意力及記憶力增強，喜歡幫忙做事，開始在其他孩子旁邊玩，大小便的控制能力增強。
3歲	社會性能力增強	更能合作，整體、精細的動作技能因協調能力增進而更加成熟，好說話，喜歡聽故事，想要像父母親般，認得性別差異，自己能選擇穿著衣服，喜與同儕一起，開始學會輪流、分享，開始懂得昨天、今天和明天之意，已能控制大小便，但偶爾會有小差錯。
4歲	精練以前所學之能力	較喜歡與其他小孩一起，也許會有想像的朋友，較喜歡玩伴，對家及家庭具有明確的觀念，非常活躍——跑、跳、爬、精細的動作技能大有進步，喜歡說話，表達想法及問一些複雜的問題，對時間的過去有所知悟。
5歲	適應兒童期及正式教育的世界	開始介意其他孩子的意見，有更高層的推理能力，手、腳的控制力良好，手、眼協調能力仍未完全發展成熟——偶爾會因失手而發生意外，好講話、詞句增進很多，深愛父母，能幫助父母，喜歡交朋友，與兩性朋友都能玩得來，開始有公平感，要求獨立，希望能被當成大孩子看待。

*本表集結五數位兒童發展專家之觀察結果，列出一些正面性的特質，並描述每一發展階段時期可能表現的行為。然而每個孩子都是獨特的而且可能與表列行為有所出入，小孩在成熟時其技能自然會表現出來。

發展階段

兒童發展依照一定的順序，某些事件的學習總是發生在前，循序漸進。比如坐、爬先於走、跑，抓物先於寫字，在一群孩子旁邊玩先於打進一群孩子中間玩。了解發展的一般程序，可以幫助父母親知道準備些什麼，及如何幫助孩子在發展過程中面臨挑戰。然而這些都只不過是一般的順序，千萬記住，孩子依其個別的速度及各自的型態而發展，每個孩子在時機成熟之時，總會熟習所學的新技能。

嬰兒、幼兒及學前兒童的學習發展

以下將陸續提到嬰兒、幼兒及學前兒童等名詞，在此先為這些名詞做一般定義，這些定義之用意不在於嚴格的界定。這些名詞定義主要是做為討論兒童行為時一般性的參考架構。

● 嬰兒——嬰兒泛指初生、會坐、會爬及剛會走的小孩。一般而言，嬰兒期止於十五至十八個月大時。

● **幼兒**——幼兒泛指活動力強，但動作、技巧及語言尚未達到學前兒童程度的小孩。一般而言，幼兒介於十八個月到三歲之間。

● **學前兒童**——學前兒童長於幼兒，但未達學齡兒童的程度。一般而言，學前兒童約在三至五歲間。

嬰兒學習信任感

嬰兒學習建立對成人的信任感，相信成人可以照顧、保護、愉悅及限制他們。

嬰兒生來即了解成人：

● 會照料他們的基本生理需求。

● 會傾聽他們哭泣的抗議。

● 會阻止他們步入險境。

嬰兒學習信賴自己，來照顧他們自身的需求，嬰兒發覺自己：

- 能以拇指或心愛的毯子來安撫自己。
- 能以爬行及抓持得到他們想要的物品。
- 能自己取樂，吸吮自己的腳趾及拳頭。

嬰兒同時也學習信賴自身所處的環境，他們發現這個世界有時候可以預測，有時候則難以預料，但基本上是安全的：

- 地板是硬的，填充玩具是柔軟的。
- 橙色的食物是可口的，綠色的不好吃。
- 水是好玩的；打針會痛。

幼兒嘗試獨立

一旦小孩學會信任，他們可以嘗試獨立。他們學會無論任何情況總有成人在旁協助他們，因而他們感到可以更自由地往前邁進、試驗、提出要求。

幼兒以各種不同方式尋求獨立，每一個獨立性的作為都在教導他們人性的特質：

- 他們堅持一切由自己來（由此他們學到自我信賴的特質）。
- 所有東西都是「我的」（所有權）。
- 害怕黑暗或陌生人（不安全感）。
- 溫柔地撫摸小貓（自我控制）。

凡此種種都在教導幼兒往成長之途邁進。

學前兒童開始展現創造力

學前兒童已建立了基本人際關係所需的信任感與獨立性，現在，他們可以邁進朋友與玩具的廣闊世界。這個階段的孩子具有藝術家、發明家及創造家的特質，舉凡身旁的書、洋娃娃、積木、球、沙、水、顏料等等，都成為他們藝術靈感的泉源、發明的原始材料及製造物品的工具。他們把生動的想像力應用到各種不同的情境。

學前兒童在玩扮家家酒、上學、扮醫生等遊戲時，總是把自己裝扮為成人模樣。在餵洋娃娃及煮飯的遊戲中，他們學習扮演父母的角色；在騎三輪車當消防車、以棉被毛毯圍城建堡的遊戲中，他們模仿成人冒險的樣子。同時，他們也從自身的處境創造出幻想的世界：澡盆變成怪獸的藏身水池，紙箱變城堡，起居室成了月球表面。

在不知不覺之間語言被應用在複雜的故事中。學前兒童不是自己編造一些故事，就是吵著要你說故事。語言成為迷人的東西，小孩有時會自己創造一些自己的傻話，為韻律之趣而吟童謠，甚至偶爾出人意表地口出髒話而感到興奮無比。

學前兒童也需要玩伴，他們需要學習人與人相處之道。從朋友之中，他們學習如何出主意、下決定、平爭論及做評斷。

父母在兒童行為影響中所扮演的角色

在你逐漸了解並能珍惜孩子的獨特個性和發展型態之後，相對的你也可以逐漸增進做父母的效能。父母可以各種不同的方式來影響子女。創造一個能接納、能鼓勵孩子的家庭環境是方法之一，你不妨從反省一下到底自己對子女有什麼樣的期望開始。

正視期望的影響力

大多數父母對教養子女，多少都帶有一些期望。通常——有時候甚至是太過頻繁

——輔導兒童的父母及專家，太專注於孩子負面的行為，我們常常聽到一些像「頑皮鬼」「小怪獸」「壞孩子」等用詞，無怪乎在某些年齡階段，小孩會如你所望地表現出最壞的一面。

孩子通常能感受到父母的期望，並盡可能的去達成父母的期望。試想：假如我們只聽說過「可愛的兩歲孩子」，而不是通常的「可怕的兩歲孩子」，假如我們只期望合作及優良行為，那麼與兩歲孩子相處的日子會有多大的不同啊！

期望具有無比的影響力！你的期望越具正面性的，則越能獲得孩子的合作。

多說「是」，少說「不」

多數孩子在十八至二十四個月大時即開始會說「不！」這個奇妙的字，有些小孩甚至在想「是」時也說「不」。也許由於父母親慣用「不」這個字眼，小孩子才學會慣用「不」。聰明的父母親該想辦法多用「是」這個字。

兩歲的小寶有個不如意的早上。先是他拿了姐姐的生日禮物，媽媽大叫：「不准拿姐姐的東西！」接著他要拿餅乾當早餐吃，媽媽不耐煩地說：「不可以！」然後他要玩他的玩具火車，媽媽說：「不行！」因為已經是出門上幼兒園的時間了。

在不到一小時之內，媽媽說了三次「不」，事實上她可以不必說半個「不」字。當小寶拿姐姐的生日禮物時，她盡可將禮物拿開，拿其他東西給小寶玩；當小寶吵著要餅乾吃時，她可以將小寶抱下椅子，不要理會小寶的吵鬧，直到早餐準備妥當時再將他抱回椅子上；當小寶要玩他的玩具火車時，媽媽可以說「等我們回來再玩」。

小寶的媽媽甚至可進一步找出適當方式，以說「是」來引導小寶的行為。她可以說：「是的，我知道你很喜歡姐姐的禮物，但這個禮物是姐姐的，讓我們找找其他東西來玩吧！」「是的，我也喜歡吃餅乾，但是早餐時我們應該吃什麼才對呢？」也許小寶仍會繼續吵鬧，但小寶會聽到一些友善、正面的反應，隨著時日，媽媽專注於「是」的結果也許會引導小寶有良好的行為表現。

當然，有些場合父母不得不說「不行」。例如當幼兒接近火爐而有燙傷之虞時，父母可以說：「不准摸火爐！」然後，父母可以引導幼兒到其他事物上——也許可以拿些安全的餐具給他在餐桌下玩。總之，盡量多試著說「是」，少說「不」。

影響孩子對自我及行為的信念

每個孩子都有可能建立積極的自我信念，而父母在這過程中扮演極重要的角色。當孩子具有積極性的信念時，父母可以趁此培養他們的建設性行為模式；然後，這些建設性的行為會強化他們積極性的信念。例如，在傾聽孩子表達他們的感覺並表示尊重之時，父母教化了孩子感覺的重要性：「被小貓抓傷好痛呀！對不對？」「你簡直等不及要跳進澡盆裡！」相對的，父母也期望孩子能尊重父母的感覺：「我不喜歡被咬，好痛！我要把你放下，給你一些其他東西咬！」

幼兒往往是自我中心的，不能了解他人的感覺。這種現象是自然的，但是，父母可以身作則，從小開始教導孩子尊重他人的感覺，如此，小孩在成長過程中逐漸能體會他人的想法與感覺，尊重他人的態度才能建立起來。在孩子體驗到別人對他們感覺的正面關懷之時，孩子的自覺和自尊也逐漸增長；當他們深信自己的感覺得到應有的尊重時，他們也同時學習去尊重別人的感覺。這個過程的發生是經過長時間逐漸培養的，父母應在小孩還年幼時開始給予正確的指導。

這整個過程可以說是一種「良性循環」：正面的信念引發正面的行為，正面的行為強化正面的信念，正面的信念又反饋來增強正面的行為。父母經由本身的期望與行為，在啟動、維持這個良性循環的過程中，扮演著主要的角色。

遊戲的影響力

從生命初期開始，孩子即進入遊戲的世界。遊戲是父母能幫助孩子成長的另一個重要領域。對成人而言，遊戲只是工作之外的業餘消遣，但對孩子而言，遊戲就是他們的全部。

孩子必須遊戲才能成長。在遊戲中，孩子體驗周圍的環境及自身在環境中所處的地位；他們在遊戲中練習一些長大後用得上的技能，在遊戲的嘗試錯誤過程中他們學習到現實生活。

與你的孩子一同遊戲

嬰兒、幼兒及學前兒童，能以各種不同的方式來與父母共享遊戲之樂。與孩子一起遊戲可以建立父母與孩子間的良好關係，對幫助孩子學習是極重要的。

如何慎選玩具

父母往往為如何選擇兒童玩具而感到頭大，如果選擇合宜，他們選擇的玩具可以幫助孩子發展其想像力及技能。不幸的是，許多玩具對孩子的發展不具益處，有些玩具甚至是危險的。選擇玩具時應注意：

- **安全**——防火，沒有尖銳面，沒有小配件以免小孩吞食。
- **堅固**——才不會一用就壞。
- **非結構性的**——至少不是完全結構性的（例如積木、砂盒及藝術性的玩具），小孩才可以創造性地用來玩。
- **適合孩子年齡**——配合孩子的能力及發展。

娜娜的媽媽每天晚上都花一點時間陪女兒玩。八個月大的娜娜喜歡玩拍手數數兒的兒歌，並且學著模仿媽媽的聲音和動作。

午睡後，一歲的小杜喜歡和爸爸玩躲貓貓。爸爸用毯子遮住臉，然後放低毯子露出臉的一部分望著小杜。小杜伸手抓爸爸的鼻子但爸爸突然用毯子再把臉遮起來，小杜樂得咯咯笑。然後，爸爸用毯子遮了一下小杜的臉，就這樣重複同一遊戲。小杜學習到可預測又有趣的例行事務，同時也學到有關輪流的一些簡單、不必明言的規則。

有些大一點的小孩會創造一些玩伴，這些假想的玩伴使孩子有機會使用他們的想像力並練習社會技能。

當四歲的凱瑞將一條舊毛巾披在肩上時，他成了一個超級英雄。凱瑞還創造了一個想像的朋友叫麥克，來幫助他進行這場超級大冒險遊戲。偶爾凱瑞會向麥克展示他的玩具，並且介紹麥克給所有他的填充玩具動物認識。

當然孩子也需要一些機會自己玩，讓他們自由去探索與學習，但是，當小孩要你參與之時，你的參與是很重要的。有時候陪小孩玩也是在教導孩子某些特殊技能或幫助他如何表達情緒，裝扮成動物角色或利用玩偶代替說話，則可以幫孩子學習用言詞表達感覺。

及早訂立教養子女的計畫

常言道：「坐而言不如起而行。」在思考我們對子女與家庭有什麼樣的期望時，不妨先有個通盤的計畫，看我們到底要和子女建立什麼樣的關係。假若我們期望子女長大能夠自信、負責、合作，那我們就該想想哪一類的教養方式，能幫助我們達到這個目標。經過小心選擇的教養方式，可以指導我們在面對日常發生的問題與挑戰時，做出良好的抉擇。

在過去，獨裁式的方式是大半父母所採用的方法，甚至到今天這個方法仍然相當流行。專制的父母依賴獎懲來控制小孩，父母決定哪些行為是可接受的，然後適當地施予獎勵或懲罰。但獎勵的結果往往導致孩子對好行為期望得到報酬，而當孩子受到懲罰時，他們對父母的反應感到害怕與憤慨。孩子需要自由才能成長與學習，他們也需要機會自己做選擇才能學會限制與負責，而專制式的方法既無自由亦無選擇。

縱容式的教養是另一個相當流行的方法，是專制式方法的另一個極端，乍看之下似乎是合理的方式。但這個方法亦有其壞處。縱容式的父母對孩子的行為毫不限制，他們給予孩子過度的自由，但沒給予任何責任。然而社會生活有各種不同的限制，並期望成員對自己的行為負責任，放縱的孩子在社會上將難以立足。

什麼樣的教養方式有助我們達到目標？我想，民主式的教養是最有效的方法。民主式的教養方法是以平等及互相尊重為基礎。平等的意思就是說父母及子女在人的價值與尊嚴上是平等的。雖然我們每個人在能力、責任和經驗上有很大的不同，但就作為一個人而言，每個人都是平等無差別的。民主式的方法並不賦予幼年的孩子與成人或較大的孩子相等的特權，民主式的方法對幼兒的特權給予相等的待遇；民主式方法並不表示孩子在每件事上都能插手做決定，民主式的方法中父母親會適當地讓孩子參與做決定的過程。

民主的教養方式的主要目的，是給予孩子機會在有所限制中做自己的選擇，從而培養他們負責任的態度。

五歲的瑪琪總是習慣性地將玩具及書到處亂丟，爸媽耐性地告訴她她已長大了，應該負責收拾自己的東西。他們給瑪琪一個選擇：她可以隨手收拾玩過的東西，或等到晚餐前再一次收好所有的東西。如果她決定等到晚餐前再收拾，那麼她必須先收拾好所有的玩具，否則就不能吃晚餐。如果瑪琪忘了先收拾玩具，而到餐桌來準備吃晚餐，爸媽會提醒她沒先收拾好不准吃飯。經過幾次延誤吃飯的教訓，瑪琪終於覺悟到她得先收拾好東西。

從嬰兒期到小學初期，小孩子極需要知道界限，他們做選擇的能力也很有限，我們不能期望幼小的孩子能自發地遵守規則。他們需要成人幫他們設立界限，並且在他們超越界限時追究違規的後果。例如，在兩歲的小孩面前擺一盤糖果，你怎可能要求他等到飯後才可以吃糖呢？他要靠成人把這盤糖果擺到他拿不到的地方。

民主式的家庭氣氛允許孩子在一定界限內擁有自由，在此氣氛中小孩體會到他們做的選擇是算數的，而且是該負責的。

在本書中我們將逐步探索各種指導孩子的方法，這些輔導的基礎有賴於你親身的了解、體驗及磨練，從這些基礎中植下鼓勵、合作的種子。

本週活動

檢驗你對子女的期望：

- 你的期望是積極性的？消極性的？是否為合理的？為什麼？
- 你將怎樣修正你對子女的期望？

寫下你的答案以助你下次的討論活動。

要點提示

1 父母對子女總有數不完的要求——尤其是期望子女能夠有勇氣、合作和負責任。

2 每個小孩都具有天生、獨特的性情，父母應接納孩子的天性，並因材施教。

3 每個小孩在發展階段上，都有其不同的速率及特別的型態。

4 孩子在時機成熟時自然會熟習所學的新技能：

● 嬰兒學習對人類、自己及周圍環境的信任感。

● 幼兒嘗試獨立性。

● 學前兒童創造自己的世界，玩角色扮演，練習語言，並學習與其他孩子相處。

5 父母很容易不自覺地把自己的期望表現在教養方式中，孩子會感覺到並依這些期望行事。

6 盡量找機會、創造機會說「是」，避免說「不」。

7 以幫助孩子尊重自己、尊重別人，來鼓勵孩子發展積極的信念；積極的信念可引導出積極的行為模式。

8 給予孩子遊戲的機會，遊戲是孩子的正業，孩子必須從遊戲中發展成長。

9 在民主的家庭氣氛中能有效教導孩子尊重自己及他人，並且在有限度的自由中建立責任感。

給父母的話：解除心理壓迫感及緊張

為人父母乃是一天二十四小時，一週七日的全天候工作，無怪乎有時候我們會感到壓力及緊張。心理壓力是一種對事件不滿的生理及心理反應，有一些方法可以幫我們減輕壓力，在未來的幾週中你也許會用到：

1 做長約15秒左右的深呼吸。讓呼吸本身的節奏控制呼吸速度，不要太過勉強。練習在吸氣時默念「平」，在吐氣時默念「靜」，重複呼吸練習直到你感到放鬆為止。

2 對自己說些下面的話，說些簡易、鼓勵性的話如：「冷靜」「別急」「你做得到」。

3 在面臨可能帶來壓力感的情境之前，先做好心理準備。在面臨這種情境之前，做幾個深呼吸，對自己說些鼓勵的話。

4 把具有壓力感、棘手的情境，想像成一種挑戰或一個機會。

5 每天找個時間，接納自己、注意一下自己的優點，對自己說些自我肯定的話：「我有能力做到」「我是有價值的」「我能下正確的決定」。

現在，花幾分鐘寫下一些與你的積極信念、行為有關的肯定性的句子。

從本週起，開始練習減輕壓力的方法。

2

了解孩子的行為

小孩從別人的反應中發現並得到歸屬感，他們學到以合作或不合作的行為來獲得反應。當孩子表現不良行為時，反其道而行之，給予積極的注意與權力，試著建立信任及自信。

孩子如何發展出生活型態

牙醫師到四歲的小琦幼兒園班上做教學示範。小琦與小倩相鄰而坐，看著牙醫用一把大牙刷，刷著牙齒模型做示範。「誰願意上來這兒，坐在板凳上讓我示範如何使用牙線？」牙醫師問道。「我！我！」小琦叫著並且很快地站上來。在牙醫示範解釋時，小琦幾乎無法安靜的坐著，她不停地笑著。而小倩呢？她很有興趣地、靜靜地觀察，在觀察的同時也舉起雙手放在嘴旁，模仿著牙醫的動作。

小琦和小倩的個性大不相同。小琦外向、熱忱，隨時準備進入新情境，顯露頭角；小倩則以不同的方式參與：靜靜地觀察，並加以模仿練習。小琦與小倩在同一個情境中以不同的行為，來表現出她們對環境及自身在環境中所持的態度或信念。

從嬰兒開始，我們發展出對自己、對別人的信念，以及什麼是生活中重要的和如何歸屬的信念。根據人格理論先驅心理學家阿德勒（Alfred Adler）的說法，我們發展出來的信念，以及由此信念產生的生活方式，形成了我們生活型態的基礎。生活型態乃是我們的信念的表徵，而信念影響我們的行為表現。

生活型態通常在四至六歲時即形成，在這段期間，小孩已發展出對生活及自己在生活中所處地位的個人觀點。就像小倩，她也許覺得這個世界是迷人的，並感到以觀察及靜靜模仿的方式來學習比較妥當；而小琦則熱忱地投入新情境中，期望得到接納，得到樂趣。小琦及小倩似乎都相信，這世界基本上是友善的，而她們從合作中尋求自己的地位。別的小孩也許會形成不同的觀點，比如有些小孩或許認為這世界是不友善的，而以外力、以逃避或以害怕的方式尋求定位。

每個人的生活型態多少總有些信念上的偏頗，小孩的經驗有限，因而比較容易做出錯誤的結論。比如說，如果孩子老是被警告：「不行！你還太小！」「小心！」那麼這個孩子也許會下這麼一個結論：「這世界真可怕！我不能太信任自己！」這個結論就小孩子的有限經驗而言似乎是合宜的，但就類化而言，這個結論有點過度誇張。

信念使我們產生期望，期望某些事情能發生，而往往我們會得到所期望的事。例如小孩若認為人基本上是友善的話，則較易以友善的態度待人，往往也因而得到友善的回應。我們的信念能影響到他人對我們的態度，而他人對我們的反應會反過來強化我們的信念。

不論小孩或成人，往往對他們特殊的生活型態信念無所知覺；事實上，我們都依信念而行事。

有五個主要因素深深地影響生活型態的發展：遺傳、家庭氣氛與價值、小孩的角色模範、教養方式以及小孩在家庭中的排行。讓我們一一加以討論。

遺傳

遺傳的生理特質會影響孩子的生活型態，比如身材、協調能力及生理外表可能有利，也可能不利於小孩生活型態的發展。不論是有利或有害，這些遺傳特質的確影響到孩子對自己的信念。每個孩子都繼承了某些潛能，然而，決定何時及如何應用這些潛能，卻在於孩子本身的信心。

家庭氣氛與價值

家庭氣氛是家庭成員間一般關係的氣氛，是由父母培養起來的。家庭氣氛可有各種不同程度：溫暖或冷酷，合作或競爭，愛或排斥，嚴厲或輕鬆，有條有理或雜亂無章，譴責或鼓勵。家庭氣氛是孩子發展人際關係的楷模。

家庭氣氛大致是由家庭價值培育成的，任何父母認為重要的事就是家庭價值。父母之間不一定要有完全一致的看法，但在某些關鍵性的看法必須一致。

露斯和泰德夫婦都喜好運動，他們也盡量培養兩個小女兒——兩歲的小妮及三歲的小莎——發展體能活動。就露斯而言，運動的主要樂趣在於比賽競爭，不論是長跑或壘球，她總是喜歡得勝；泰德則是為運動而運動，他以慢跑或騎單車為運動，並不是為比賽競爭而運動。因為運動對這對夫婦而言是重要的，因而體育也就成為這個家庭的家庭價值，兩個女兒也視運動為重要的活動。在成長過程中，她們也許會選擇具有充實性或不具充實性的體育活動，甚至兩種都參與；兩個小孩或其中之一也許會排斥體育活動，而追求靜態的休閒活動。無論她們做何選擇，體育將是她們生活的價值，她們會自己決定如何及是否參與體育活動。

角色模範

孩子會以他們生活中重要的成人為自己的模範，他們對成人的舉動極為注意，並加以模仿。我們盡可以口頭訓示，但如果我們的言行不一的話，小孩只會「聽」我們的真正的行為舉動。

孩子從父母及其他成人之間學到男人與女人的意義，他們也學到男人與女人之間的關係。在父母互相尊敬與重視之際，孩子學到平等的觀念。

教養方法

在第1章中我們討論到專制式、縱容式及民主式的管教方法，以及每種方法對孩子可能產生的影響，其中之一即是對形成孩子生活型態、信念的影響。父母親訓練子女的方式，會讓孩子視為「成人—兒童」關係的模範。假如孩子成長在充滿敬重、合作的氣氛中，他們比較可能認為敬重、合作是有價值的，並將此用在與人相處的關係中。

家庭中的排行

孩子在家中的排行——獨子、長子、次子、排行中間或幼子——也會影響到孩子對自己的信念。有時候子女間年紀的差別會使孩子發展出另一種心理上的排行，與實際上的出生排行有別。

由於父母再婚或是領養而增加兄弟姐妹人數，一樣會造成實際排行和心理排行的變動。

兒童的心理排行取決於兩個因素：孩子的實際排行，及在家庭中尋求定位的觀點。比如說，在一個重視體育成就的家庭中，一個排行老二的小孩可能由於在運動場上的領先地位，而奠立在家庭中的領導地位——成為心理排行的老大。同時姐妹、兄弟在尋求他們在家庭中的定位過程中所表現的行為，也會影響到兒童的心理排行。這些因素都會影響到一個小孩的生活型態及信念。

以上所談的五個因素——遺傳、家庭氣氛和價值、角色模範、教養方式及家中排行——都會影響到孩子們的信念：對自己的看法，對處世之道的看法，及對什麼是值得努力以求的看法。身為父母者可以奠定家庭氣氛與價值、角色模範及教養方式，至於遺傳及家中排行則是先天決定的；但若我們能接受孩子，以尊重的態度適材而教，也能影響到這些因素。

再談出生排行

兒童的心理排行很重要，因為孩子在家中的定位影響到他們對自己的信念，而孩子很可能把對自己的信念轉移為他們在環境中對自己的定位。每個出生排行都有其有利之處：

- 獨生子女由於獨處時間較長，可能比較機智。
- 老大可能會比較有責任感。
- 老二通常會比較有合作性及社交性。
- 排行中間的小孩會對公平性較為關心。
- 老么從其他家庭成員中得到較多情緒上及生理上的支持，而較富安全感，因而學到如何與他人建立關係及如何影響他人。

但出生排行也很可能形成「陷阱」，孩子有時會由於出生排行發展出負面行為。例如，老么可能會不肯長大，逃避在家中或團體中應有的責任。南卡州阿德勒托育中心的華頓（Kathy Walton）提供父母一些實用的訣竅，可以用來避免出生排行造成的陷阱：

- 避免把老么當成嬰兒看待。
- 給予老么一些責任——要他做些雜務，幫忙家事。
- 避免老是給老大優先權。
- 了解幼兒園情境實況，可以幫助長子及獨子學習如何與其他小孩往來。
- 了解排行中間的小孩通常比較敏感——在他們祈求憐憫同情時不必太在意。
- 安排與每個孩子獨處的時間，減低與避免他們為獲取注意而競爭。

合作與不良行為僅一念之差

兒童在發展生活型態的信念時，也發展出他們的行為模式。大部分的行為都有社會目標，每個人都要尋求社會中的定位—歸屬感；兒童也需要歸屬感，童年早期就是尋求如何歸屬的時期。在兒童成長與發展中，他們發現來自他人的某些反應會賦予他們歸屬感，同時也學到可以用合作或不合作的行為，來博得這些反應。

兩歲半的傑生要幫爸爸洗車來得到歸屬感。傑生從水桶中拿出海綿往車身上猛拍，還一邊笑著說：「我和爸爸一起洗車子。」爸爸了解傑生對歸屬感的需求，稱讚道：「你幫了我大忙，我好高興哦！你把車洗得這麼乾淨。」傑生覺得自己是有價值的，並開始把自己看成是有用的人。

這樣的經驗在孩子建立正確行為的過程中將有很大的影響，可以幫助他發現並保持他的社會定位。

心理學家杜萊克斯（Rudolf Dreikurs）是阿德勒理論的拓展者，特別是在教養理論上。根據杜萊克斯的說法，兒童會以正面性的方式來追求歸屬感，但是假如他們無法得到歸屬，將反以不良的行為來追求歸屬感。在孩子感到失望並認為他無法以合作的方式得到歸屬時，會轉而以不良的行為來尋求歸屬。

讓我們以此觀點再來看看傑生的例子。在另一個場合，傑生的爸爸或許會沒意識到傑生在同一情境中的需求，或者也許他沒時間應其所求，於是他說：「你還太小，幫不上忙，讓我自己來吧！走！走！走！到後院玩去！」傑生也許會大鬧表示抗議，他也許會拿起水管往爸爸及車子噴水，他也許會到後院去，做些破壞性的行為引來爸爸的追逐……不管他選擇哪個做法，傑生的目的仍然相同——追求歸屬。他的爸爸將被迫來處理、糾正傑生的壞行為，此後，傑生每有歸屬感的需求時，他會回想起這段以壞行為獲得注意的經驗。

據杜萊克斯的觀察，兒童的不良行為可分為四大類；由於這些行為類別代表兒童心中所要的東西，因此稱之為「目標」。不良行為的四個目標分別是：引起注意、追求權力、報復及表現能力不足，每個目標都與追求社會目的（尋求歸屬）有關。

杜萊克斯所說的不良行為，指的是無法以合作性的方式尋求社會地位所引發的行為，但並不是每個所謂的不良行為都合乎這個定義。在判定孩子的哪些行為才是「不良行為」之時，父母必須首先考慮到發展上的因素。例如，當一個九個月大的孩子拉貓尾巴時，並不表示他是在尋求權力，這只是正常好奇心的表現；當一個十四個月大的孩子挖掘花盆中的泥土時，也許是因為他喜歡玩泥土，而不是在尋求注意；當一個兩歲大的小孩在宴會中不守規矩時，也許是由於過度興奮，而不是尋求四個不良行為目標中的任何一個。

有時候，孩子表現不良行為是由於好奇、疲倦、生病、肚子餓、無聊、裝蒜、意圖幫忙、忽視規則等等——這些刺眼的行為不見得就是不良行為，也許只不過是由於我們不切實際的期望（表1-1已告訴我們兒童在不同年齡時一般的能力）。

三歲大的小海用條繩子套住貓的脖子，拖在他的三輪車後面去散步。小海只不過是想跟小貓一起玩而已！

五歲的小妮沒得到許可就自己跨越表姐家前面那條車水馬龍的馬路，這可把她阿姨嚇壞了！但小妮家位在一條安靜的巷道內，她向來不必獲得大人同意就可自行跨越馬路——沒有人告訴她在阿姨家是不一樣的。

有時候，小孩的脫序行為純然是無意的，但我們對小孩行為的反應方式，會影響到他們重犯這種行為的次數及方式。小孩打翻一杯牛奶——不管只是無意的，或有意看看牛奶灑在地板上是什麼樣子——成人對這事的反應將影響到孩子對此事的看法。如果成人對此大發雷霆，下次他要引起注意時，也許會以同一行為來引起注意；如果成人以低調處理此事，孩子會發現這種行為並未能獲取太多注意。如果成人拿條抹布要小孩幫忙清理，無形中就在孩子心中建立起一種信念：犯錯是可以原諒的，你自己可以清理善後，自己校正壞行為。

不良行為的四種目標

我們對無意脫序行為的反應，也會影響到孩子將來是否會重犯此行為，來達到前面所述不良行為的目標。我們可以學習以正確的反應來鼓勵孩子，幫他們用正確的方式尋求歸屬感。

深入了解杜萊克斯所定義不良行為的四個目標，可以幫助我們了解不良行為的真相，以及行為背後的真正動機。

引起注意

所有孩子都需要、也都應該得到注意，關心注意嬰兒及小孩，乃是為人父母的一項主要職責。但若孩子認為只有以要求及引發注意才能得到歸屬感時，引發注意就成為不良行為的目標。

四歲的佩芬在公園的兒童遊樂場中學到一個新花招，並要媽媽看她表演這個新招數。她所要求的是適當的注意。媽媽正坐在場邊的椅子上看書，抬頭看看佩芬，並說：「佩芬真不簡單啊！你看看能不能找些自己會做的事玩玩，你剛剛好像玩得很開心，真棒！」然後她繼續看她的書，佩芬則繼續玩她自己的。

佩芬要求得到注意，也得到應有的注意，她感到強烈的歸屬感。一方面是由於她的表現得到認同，另一方面則是因為她樂於從事體能活動，認為這類活動是適當的。

假如佩芬感到似乎只有在得到媽媽的注意時才有價值，引發注意就成為不良行為的目標了。在這個例子中，佩芬也許會說：「看我表演新花樣！……再看一次！……

你覺得如何？再看看另一個花樣。你看到沒？看我再表演一次！……媽！你看！」假如媽媽想繼續看她的書，佩芬也許會再接再厲地試著引起媽媽的注意，她甚至會以摔下單槓的方式來引起媽媽更具戲劇性的注意。這種頑固的行為在於使媽媽感受到，佩芬只有在得到她的注意時才有歸屬感。

追求權力

孩子需要並且追求權力及注意，正面的權力感使孩子感到他們對環境有主宰的能力，這是培養獨立性的過程中重要的一步。但是當孩子認為只有當老闆、做老大才有歸屬感時，權力則成為不良行為的目標。

十八個月大的小艾想自己吃東西，他的爸媽支持他以此方式尋求權力。他們給小艾一個小盤子及一隻小湯匙，他們知道小艾的衣服、周圍的地板將會弄髒，但他們願意接受。偶爾當小艾順利用湯匙將食物送入口中時他們會給予鼓勵：「小艾好棒！小艾能自己吃飯！」小艾在這過程中運用權力，並感覺到經由建設性的行為他可以得到歸屬感。顯然的，是父母親對他要求權力的正確反應，幫助小艾發展出這種歸屬感。

倘若小艾的父母堅持餵他，小艾或許選擇以權力鬥爭做為不良行為的目標。在不能自己吃東西的挫折下，他也許會閉口拒食，或者會故意要求他喜愛的圍兜，然後要他喜歡的杯子，甚至也許會堅持站在高椅上吃飯。小艾也許會一步步地更有所求地爭取權力，認為只有老闆似地為所欲為才能得到歸屬感。這餐飯的結局或許會變成如此：小艾將食物摔到地上來表示：「我才是老闆！」假若父母對小艾的要求予以拒絕，或者任其所為，小艾會因而更加強他的信念，認為權力是唯一尋求地位的方式。

毋庸置疑，小孩總是在追求權力，父母需要適當地和孩子分享權力，使權力不至於成為不良行為的目標。

報復

孩子通常喜歡以愉快的方式來獲取注意，但如果無法成功得到正面的注意時，他們將轉而追求負面的注意。他們通常會以權力鬥爭的方式再度表示他們需要關懷，倘若失敗了，他們也許會選擇第三種不良行為的目標——以報復的手段來爭取關懷。當孩子表現出報復性行為時，他們認為只有以像自己所受傷害一樣的方式來傷害他人，才能得到歸屬。

每天早上，小梅（四歲）的爸爸會幫她穿好衣服以便送她上幼兒園，為了讓小梅多睡一會兒，爸爸總是盡量縮短穿衣服的時間。小梅老是以東跑西躲的方式來引起爸爸的注意，爸爸一再地東追西追，搞得又煩又怒。小梅得到這種負面性的注意更覺得自己有權力可以激怒爸爸，於是她得寸進尺，當爸爸抓住她穿上衣時，她又哭又鬧地與爸爸展開全套的權力鬥爭：「我不穿！」「不！你非穿不可！」小梅被強迫穿上衣服，抬進車子出門。

當爸爸與幼兒園老師打招呼時，小梅更借題發揮，她抱著老師，並說：「我喜歡你！真希望你是我爸爸。我爸爸是個大壞蛋！」以報復手段爭取關懷的戲到此結束，小梅的爸爸帶著又傷心又憤怒的心情上班去了。

雖然在嬰兒時期，嬰兒已會以不良行為來獲取注意或權力，但在這段期間他們尚不會以不良行為來報復。報復的手段較具複雜性及情緒性，當小孩進入幼兒期及學前期時才會發生。

表2-1 不良行為的目標

階段	信念	目標	父母的反應	孩子對父母所為的反應	發展階段的正常行為	父母可採行的其他方法
幼兒	我要引起注意！	引起注意	懊惱，大多會提醒小孩別再犯	暫時停止壞行為，然後故態復萌或另出花招	發牢騷	對正面行為給予注意，重新引導孩子做些較適當的活動
	你支使我！	追求權力	生氣、激動、大多會與孩子爭鬥或放棄、投降	增強壞行為或不情願地屈服	對所有要求立即說「不！」	給孩子選擇，讓他自己做決定
	你不愛我！	報復	傷心透頂，想要擺平	增強壞行為或另謀他法以求報復	當父母不順其意時，動手或口出惡言	不要太傷心或懲罰小孩，與小孩建立互信互重的關係
學前兒童	我要受注意、被服侍！	引起注意	懊惱，大多會提醒小孩別再犯	暫時停止壞行為，然後故態復萌或另出花招	「看我的！」要父母親一刻不放地注意	在孩子沒要求時，對正面性的行為給予注意；每天抽出一點時間給予特別的注意

階段	信念	目標	父母的反應	孩子對父母所為的反應	發展階段的正常行為	父母可採行的其他方法
學前兒童	我才是老闆，你不能強迫我！	追求權力	生氣、激動、大多會與孩子爭鬥或放棄、投降	增強壞行為或不情願地屈服	發脾氣、不聽指揮	避免權力鬥爭，不要為求平息而放棄，讓自然後果發生
	你不愛我！	報復	傷心透頂，想要擺平	增強壞行為或另謀他法以求報復	尖叫吵鬧「我恨你！」「我再也不愛你了！」	不要太傷心或懲罰小孩，與孩子建立互信互重的關係
	我沒有希望！我不會！	表現能力不足	失望甚至絕望，認同孩子的想法認為他無可救藥	被動或什麼都不予理會，拒絕嘗試，毫無進展	「我不會！」發牢騷、哭泣	對任何的努力或嘗試都加以鼓勵，但不要憐憫

逃避（表現能力不足）

第四個不良行為的目標為表現能力不足。就像報復，這種目標通常不會發生在嬰兒或幼兒期，這是因為小孩在長期追求歸屬不成，變成完完全全失望以後，才會表現出這種行為。這類的孩子認為只有在說服別人，讓別人對他不抱任何希望之下，他才能得到歸屬感；他們認為自己毫無希望，自暴自棄，並要他人也對他放棄一切希望。這種行為是長期失望，長期無法以正當途徑得到認可的結果。

在一個親友聚會場合，叔叔看到五歲的姪兒正在著色畫畫。「巴比（Bobby），你會不會寫你的名字？」叔叔問道。「不會！」巴比回答。「還不會？」叔叔驚訝地問：「來，讓我教你。」「不要！」巴比低頭答道：「我不會！」「哦！」叔叔說：「你在畫些什麼啊？」

巴比的叔叔機智地把注意轉移到巴比較有把握的事上，這種方式的鼓勵是重建巴比對寫字產生信心的第一步，將來他也許會再度嘗試寫字。

為什麼巴比對寫自己名字沒興趣呢？原來在他四歲時，他試著寫自己的名字，就如大部分孩子一樣，巴比常把一些字母倒寫，一再把自己的名字Bobby寫成Boddy。每當巴比把自己名字中的b寫成d，父母或姐姐總是加以批評：「不對！巴比這樣是不對的！這是『d』，不是『b』。」漸漸地，巴比對寫自己的名字變得極端氣餒，甚至到現在他已完全放棄。

巴比的父母親是好意想幫忙，但如果那時能改變他們的期望及標準，或許會以完全不同的方法來處理這事。巴比這年齡的孩子往往把一些字母反著寫，這是很自然的現象，倘若巴比的家人了解這個現象，他們可以不在意這些反寫的字母，而只說：「看啊！巴比在學寫自己的名字呢！好不好玩啊？」

辨識不良行為的真正目的

父母怎麼知道孩子是在追求負面的行為目標呢？我們的建議是，在嬰兒時期，首先父母應假設嬰兒並非在表現壞行為，而是在有特別需求下的正常表現。一個哭鬧不停的嬰兒也許是在告訴你，他餓了、無聊、累了或病了，他也許只要求一些輕搖、撫摸才能入睡——雖說大一點的嬰兒有可能是以此為溝通方式來滿足他真正的需求。假如你確認嬰兒的需求已滿足了，但這惱人的行為仍不停止，那你的嬰兒或許是開始以追求注意或權力來達到不良行為的目標；在此情境下，先冷靜下來，不要太急切地反應，這樣或許比較容易找出問題出在哪裡。

隨著孩子的年齡增長，父母會發現比較容易找出真正的不良行為及其行為後面所隱藏的目標。怎樣找出孩子行為後所隱藏的目標？關鍵是：從你對他行為所表現出來的反應中發現。要找出孩子行為的目標，請細心觀察：

- 當孩子表現壞行為時，你有什麼樣的感覺？
- 你怎樣處置這個壞行為？
- 你的孩子對你的處置會有怎麼樣的反應？

這三個因素可以幫你斷定行為的目標。

(1)引起注意：如果你的孩子以引發注意為目的，通常你的感覺先是懊惱，然後加以提醒或好言勸說。在達到他追求注意的目的之後，你的孩子也許會暫時地停止這壞行為，但不久之後，他也許會故態復萌，以求得到更多的注意，或另找一個方法來尋求你的注意。

(2)追求權力：追求權力的孩子通常會搞得你老羞成怒，感到你的權力受到挑戰。結果，你不是硬要小孩服從命令，就是向他投降。如果你用硬的，他便還以硬的，更加深他所感到的權力價值；如果你投降，他因已達到目的而不再搗蛋。

(3)報復：尋求報復的小孩要的是跟你扯平，因為他自己知道做錯了事而想與你扯平。通常父母對這種報復性的行為的反應是感到傷心透頂，甚至肌膚受苦（如果小孩動武還手的話）；假如你因而大發脾氣想加以擺平，小孩可能以更大的報復行為反擊。記住，幼小的嬰兒通常不會以報復為手段，幼兒有時會尋求報復，但他們可能是因為過度刺激或生氣，而表現出這種脫序行為。

(4)表現能力不足：孩子表現不適當行為的動機是要父母對他們放棄希望。你感到絕望，你不加理會，因為你認為這孩子是毫無希望的。結果是，事情毫無進展。

表現能力不足通常是消極性的行為表現——因為失望，孩子什麼都不做；其他三個行為目標有時也是消極的行為表現。例如，孩子也許會消極地等待援手（不積極地尋求注意）以引起注意。當一個小孩以沉默不理的方式拒絕穿衣或吃飯時，這表示他正以消極的方式追求權力，其仇視的眼光可能是出於報復的心理。

不管孩子以消極或積極的方式追求某一目標，你找到行為目標的線索來自檢驗自己的感覺、採取的行動，及孩子對此的反應。

有時孩子對自己不良行為的目標並無所覺，同時，也可能因情境而改變目標。

三歲的凱文在家時以耍寶裝蒜得到注意，這讓他得到歸屬感。但在幼兒園時，他的耍寶並不能得到他所追求的注意，因此他開始以直接的方式尋求老師的注意——緊緊跟著老師，干擾老師與其他孩子一起，或與其他孩子爭先恐後；凱文在幼兒園時引起注意的行為已逐漸變成權力鬥爭。

同一型態的行為可能會被用來追求不同的目標。例如，一個五歲的小孩也許會被動地坐著，等爸爸替他綁鞋帶（其實他自己會綁），他是以消極的方式尋求注意；另一個五歲的小孩不自己綁鞋帶（其實他也會自己綁），因為他自暴自棄，這是表現能力不足。

不同的行為也可能用來達到同一目標。

兩歲的小莉拒絕上校車，以哭鬧表現她的權力；到了晚上，她不想睡覺，便以拒絕上床、挑戰父母來表現她的權力。

重新引導孩子的不良行為

兒童的不良行為並非父母所造成的，孩子並非木偶，他們依自己對事情的看法做決定。然而，父母可能因為迎合孩子的期望而強化其不良行為，比如在迎合犯規孩子的期望時，可能已在無意中鼓勵孩子繼續犯這個錯——因為犯這個錯很值得。例如，若你每次在孩子尋求注意時都滿足他們，孩子也許會因而覺得，只有自己成為被注意的焦點時才有歸屬感，他將要求你放下一切來關照他；假如他得不到滿意的回應，不善的回應也好——只要能得到他所追求的注意，他可以不擇手段。

以下是一些依不良行為目標處理不良行為的原則，這些基本原則是根據「出其不意」的道理而來。如果你能反其意而行之，就不會強化孩童的目的，這樣可以影響、改變孩子的知覺，因為犯規再也不能達到所求的目的。這種改變並非易事，你要徹底改變對孩子的反應，包括改變你的行為及感覺。

(1)引起注意：盡可能忽略追求注意的不良行為，絕不要被激怒。避免在孩子尋求注意時給予注意，但別忘了在孩子沒期望得到注意時，給予正面的關注。

三歲的凱倫往往在爸媽看晚間電視新聞時，吵吵鬧鬧以取得父母的注意。一陣子之後她爸媽學會了「不加理會」的對付方式，甚至於若有必要時，他們會把凱倫從客廳帶走，把她放在她的房間自己玩半個鐘頭。

當他們正在為解決這問題而努力時，凱倫的父母也同時會在凱倫沒預期得到注意時，設法給予應有的注意。

一天晚上凱倫的媽媽走進客廳，發現爸爸正在看報，而凱倫則在爸爸旁邊高興地翻閱著圖畫書。媽媽高興地說：「凱倫，真高興看到你在爸爸旁邊安靜地看書！」那天晚上在凱倫看完那本書時，媽媽對她說：「凱倫，拿那本你剛才在看的書過來，我們一起讀這本書，好嗎？」凱倫在這過程中學到：她能夠從父母那裡得到應有的注意，但不能以不合理的方式要脅。

(2) 追求權力：從衝突中退出，不要與孩子繼續爭鬥或向他投降——更不要讓自己生氣。可能的話，讓小孩經歷一下不良行為所造成的後果。

每當兩歲的小泰拒絕吃午飯時，爸爸總是想盡辦法，軟硬兼施地強迫他吃，甚至不許他離座。最近，小泰的爸爸採取一套完全不同的方法。首先他減少小泰上午的零食，然後在吃午飯時，給小泰一份合適分量的午餐，給他足夠的時間吃，時間到了之後，將小泰抱下餐椅。「我猜想你並不餓，」爸爸說：「也許晚餐時你會比較想吃。」整個下午爸爸只給小泰果汁喝，在晚餐時才給他一些營養均衡的主食。小泰終於了解拒吃午飯再也不能達到權力鬥爭的目標，相反的，他必須忍受不吃午飯所帶來的後果。現在，小泰吃午飯時的行為已有顯著的進步。

(3)報復：當小孩有報復的表現時，很難叫父母不感到傷心，但要打破報復造成的惡性循環，不管有再大的困難，你必須避免受到傷害的感覺。試著想辦法與孩子建立信任、互相尊重的關係，不要想與小孩扯平。

凱拉（四歲）的父母最近分居，近日來，每當媽媽讓凱拉上床睡覺時，凱拉就嗽嘴哭鬧：「不！我不要你，我要爸爸！」這讓媽媽感到非常心疼。但她知道傷痛或生氣的反應並無助於凱拉，因此她對凱拉說：「我了解你很想念爸爸，等這個週末你去看他時，他就可以哄你睡覺。」以這種尊重的態度，媽媽讓凱拉知道她了解凱拉的感覺，就長遠來看，有助於凱拉了解，她不一定要以不良行為來發洩自己的感覺。

(4)表現能力不足：我們記得，以表現不適當為手段的小孩通常是極易受挫折的，所以重要的是，不可對這類小孩放棄希望。應避免批評，對任何優點都應給予鼓勵，對任何再小的努力與進展都應給予關注。

五歲的瑪莎決定再也不學騎腳踏車了，當她的朋友要到公園騎腳踏車及三輪車時，她甚至拒絕帶三輪車到公園，而獨自在旁邊盪鞦韆。瑪莎的祖母明智地不提騎腳踏車的事，但卻專注著找出瑪莎拿手的事情。「你真會盪鞦韆，可以盪得好高啊！」她大聲地加以讚美。「你能教我嗎？」像這類的鼓勵有助於瑪莎了解自己有能力做好很多事情，假以時日，也許終有一天，她會重建學騎單車的勇氣。耐心與鼓勵慢慢地將有助於瑪莎重建對自己的信心。

協助養成積極的行為目標

父母在試著重新引導孩子的不良行為時，若也能找出一些積極的目標加以鼓勵，將有莫大的助益。尋求注意的孩子，也許也具有濃厚的參與興趣，鼓勵他做些幫助他人的事及培養他的社會興趣，可以把他追尋注意的動機轉移到利人利己的事情上。積極性的權力，指的是對自己的行為及決定負責，如果你和孩子間正在權力鬥爭，不妨找些方式幫助他建立獨立感及發展他的潛能。

令人詫異的是，「報復」也可以被轉變成有用的方向。尋求報復的小孩往往具有強烈的正義感，指導這類的孩子平等地分享及交遊，有助於這種公平正義感的建立。

甚至於「表現能力不足」的行為也可以被轉變朝較積極的方向。例如，「表現不適當」的行為包含退怯的行為，重要的是，孩子應學會在適當的時候能有勇氣從衝突或危險的情境中退下來。在培養一個失意的孩子建立對自己的積極信念之時，父母也應該幫助他們學習、了解，在什麼情況下應該退下來，或往旁靠。

嬰兒期正在開始發展積極性目標，他們正學著如何引起注意及追求權力來滿足某些需求，同時也學習如何在與父母咿啞對語、遊戲、撫抱中得到參與及貢獻感。

要記住，惱人的行為不見得一定是不良行為；同時，孩子在表現不良行為時往往對他們行為後的目標並不知曉，但是他們對成人的反應卻很清楚。在下面幾章，我們將深入探討一些有用的反應方式——與小孩談話的方式、傾聽的方式及指導孩子的方法，以便發展孩子對自己及周圍世界正面的信念。

表2-2　行為的積極目標

階段	信念	目標	行為	父母該如何加以鼓勵
幼兒	我和別人一樣！	引起注意、參與、貢獻	模仿父母掃地、煮飯、做家事	認定並讓孩子知道你感謝他的幫忙
	我可以自己來！	追求權力、獨立性	想要自己進食、穿脫衣服	讓小孩盡量能自己做
	這是我的！	正義、公平、社會興趣	學習尊重別人的玩具	鼓勵孩子能與他人分享
	我要感到安心！	從衝突中退出、解決衝突	要被抱、被安撫	擁抱、安撫孩子，讓孩子知道生氣是可以被接受的事

階段	信念	目標	行為	父母該如何加以鼓勵
學前兒童	當我有貢獻時我才有歸屬感	引起注意、參與、貢獻	吃完飯後開始幫忙收拾碗筷	認定並讓兒童知道你感謝他的幫忙
	我可以自己做決定！	追求權力、獨立性	自己選衣服穿	鼓勵兒童自動自發
	我要合作，並與別人好好相處	正義、公平、社會興趣	分享玩具，不與人相爭	對孩子試圖與別人合作的努力表示感激
	我可以用能被接受的方式解決衝突	從衝突中退出，控制肢體衝動（咬、打、推、踢）	以語言向他人表明感覺，而不以肢體動作來表明感覺	以身示範，用語言而不用肢體動作的方式解決和孩子的衝突

＊以上例子僅供參考，父母對這些目標並無特定的反應，只是對這些行為感覺滿意。

本週活動

觀察孩子的行為：

- 這行為是來自兒童的發展階段或經驗？
- 這行為是否真是「不良行為」？若是，則以下列步驟找出其目標：

1 詳細描述孩子的所作所為。
2 省察自己的感覺，以及自己對這不良行為的反應及做法。
3 描述孩子對你的做法有什麼樣的回應。
4 根據你的感覺及孩子的反應，找出孩子行為後的目標是引起注意、追求權力、報復或表現無能。

想想看你可以如何改變自己的反應，並開始重新引導孩子的壞行為；同時，找機會培養孩子積極的目標。

要點提示

1 生活型態從嬰兒期開始就逐漸發展——我是誰，別人是誰，什麼是生活中重要的部分及怎麼做才能有歸屬感等等信念，都在嬰兒時就開始形成。

2 影響生活型態發展的五個主要因素是：

● 遺傳
● 家庭氣氛及價值
● 角色模範
● 教養方式
● 家中排行——實際上及心理上的排行

3 從行為中可以反映出生活型態及信念，大部分的行為都具有一個社會目的——找到一個歸屬之地。

4 小孩從別人的反應中發現並得到歸屬感，他們學到以合作或不合作的行為來贏得反應。

5 有時候令人煩惱的行為源自於我們不切實際的期望。當孩子的行為是出於好奇、過度疲倦、生病、肚子餓、無聊或企圖幫忙的情況下，這些都不算是不良行為。

6 不良行為有四個目標：

● 引起注意
● 追求權力

● 報復
● 表現能力不足

7 找出不良行為的目標，要注意到：
● 當你的孩子做出不良行為時，你有何種感覺？
● 你採取什麼樣的行動？
● 孩子對你所採取的行動有什麼樣的反應？

8 孩子通常對他們不良行為的目標並不很清楚。

9 當嬰兒的行為困擾你時，應先認定孩子並非在表現不良行為，可能這行為後面有一個特定的需求。

10 嬰兒並不會以不良行為來達到報復或表現無能的目標，幼兒期也很少有表現不適當的不良行為。

11 當孩子表現不良行為時，反其道而行之，給予積極性的注意與權力，試著建立信任及自信。

給父母的話：你的優先性是什麼？

雖說每個人的生活型態都是獨特的，但所有生活型態都有四種「人格優先性」：

- 感到優越（優越感）
- 感到對事物的控制（控制感）
- 取悅他人（取悅）
- 感到舒適（舒適感）

每個人都經由這四種優先性追求歸屬感，但大部分的人會依自己的歸屬感，而對一種或兩種優先性賦予較高的價值。

從以下這個簡單的測驗中，你可以找出你對哪個優先性賦予較高的價值。優先性與一個人最想避免的事有關，以下的情境中，哪個是你最想避免的？就在它上面寫下

1，哪個是其次的，寫下2，再選出第3與第4個你想避免的事。

——被他人拒絕
——受到侮辱
——感受壓力或衝突
——沒有貢獻

假如你最想避免的是「被拒絕」，取悅是你最優先的考量（你要以取悅他人來避免被拒絕）。

假如你最想避免「受到侮辱」，控制感是最高優先（你不要受他人的控制）。

假如你最想避免「感受壓力或衝突」，舒適感是最高優先（你不要壓力或衝突來干擾）。

假如你最想避免「沒有貢獻」，優越感是最高優先（你要生命過得有意義）。

現在你可以看出你對這四個優先性所賦予的價值。

下表列出一些不同優先性對你及孩子的影響：

比較項目	優越感	控制感	取悅	舒適感
別人的感受	表現不適當	被挑戰	起初感到高興，但漸漸感到討厭	惱怒或激怒
你對優先性所付出的代價	過度負擔	無法與人相處融洽	被佔便宜 不受尊重	沒成就
你最想避免的事	沒貢獻無意義	侮辱，意想不到的事	被拒絕	壓力或衝突
對孩子可能產生的不良結果	感到表現得不夠好，事情一定要完美	面臨權力的挑戰，不敢與人分享感覺	學會不尊重 佔便宜	使他們的興趣受挫
對孩子可能產生的良好結果	具有創造性 對生命有積極的看法	知道事情的限度 有組織	少與人衝突 被了解	少與人衝突 能追求自己的興趣

- 你對某一優先性的運用如何地影響到你的生活及你的教養方式？
- 你希望能如何改變？
- 你已學到不少有關自己的特性，本週你將如何運用所學？

3

培養自尊 從小開始

當孩子知道自己是被愛的時候，他們會相信自己是值得的、可愛的，這樣可以幫助兒童自尊的發展。尊重和鼓勵是向孩子傳達父母愛意的最佳方法。

具有強烈自尊的小孩較容易形成對自己的積極信念，並找到他們在所處世界中的定位。所謂自尊指的是一個人對自己的積極性觀點。自尊是當一個人感受到被愛，並知道自己值得人愛、有能力時，發展出來的一種態度。當我們具有健全的自尊時，就會有積極的自我形象──感到自己有價值。

有了足夠的自尊心，我們才能接受自己及自己的感覺，對自己感到滿意的小孩比較能夠面對所處的世界。自尊是決定孩子將來做人成功或失敗的一個主要因素。一個人對自我價值的感受是形成人格基礎的主要信念，也是決定一個人如何發展潛能、運用潛能的主要信念；當我們相信自己是有價值的、被愛的、值得時，我們就比較能夠面對生活的挑戰。

從尊重開始

從出生到六歲，是自尊發展的理想階段，憑著他們對得到的回應產生的感受，孩子逐漸形成對自我價值的信念。這段期間是父母培育孩子自我價值感的最佳時機。

建立孩子自尊的方法之一，是以互相尊重做為親子關係的基礎。互相尊重的意義是：父母和子女一樣都具有無限的價值；你對待子女予以尊重，相對的你也希望子女對你及其他人都予以尊重。

尊重自己

要得到子女的尊重首要的是你能尊重自己。你有了健全的自尊，才能做為子女的楷模；當你能重視、欣賞、接納自己時，你才能成為一個好的角色模範。

有些方法可以幫你建立並維持自尊，下列幾項是有助於你培養自尊的方法：

- 發展自己的興趣、目標及長處。
- 對自己的用心給予認可，不必只專注於結果。
- 以積極的態度對己對人。
- 用幽默感看待事物。
- 認清自己也會犯錯，但孩子不會因而無可救藥，他也許可以活得好好的。
- 給自己一些時間，重建你的長處及耐心。
- 記得你是有價值的，主要原因是因為你是個人，而不是因為你是成功的父母。

四歲的曼蒂在第一次用她的紅色蠟筆時，就不小心折斷了新蠟筆。她嚎啕大叫——紅色是她的最愛，她想保持每枝蠟筆的筆頭都尖尖的。在這同時，她的媽媽也不小心在修理水管時壓破了水管。她嚎啕大叫——她為的是要省錢，但現在她必須花錢請人換新，而且自己也搞得雙手髒兮兮的。深信互相尊重的原則，媽媽對曼蒂說：「我們倆都弄壞了東西，我感到沮喪生氣！我想你也有同感吧！」

從成人的觀點，壓破水管比折斷蠟筆嚴重得多，但從一個小孩的觀點而言，兩者也許是同樣的可悲。媽媽表明曼蒂的事是重要的，她也維持了自己的自尊，沒因而責備自己或曼蒂。如果曼蒂像這樣繼續下去，得到尊重及看到自尊的模範，她一定會學到尊重自己及尊重他人的態度。

幫孩子學習互相尊重

嬰兒及幼兒並非天生就懂得尊重他人，事實上，自我中心才是正常、健康的。我們不能期望幼兒能像成人一樣地尊重他人，但若我們能尊重幼兒，他也有能力學習互相尊重的道理。

開始播下互相尊重的種子是永不嫌早的，以下是我們可以做的：

- **對孩子的感覺給予關懷，以表示你愛他們，重視他們。**「你是因為凱蒂不能跟你玩而生氣，對不對？但是她現在想去睡覺啊！」「看那些人笑得好開心！我也很高興能看到你笑！」「我明白你因為丟了玩具熊而感到傷心，讓我們來談談這件事好嗎？」
- **對孩子的獨特性加以認定。**「多麼有力、快樂的聲音啊！你很喜歡說話，不是嗎？」「你的手恰好可以伸入衣櫃下的小縫，能不能請你伸手進去把那個球拿出來？」「你的花畫得真好！我們把它做成卡片寄給奶奶。」
- **想辦法對他們的興趣予以支持。**「你喜歡用積木蓋東西，我們一起來玩。」「我知道你很喜歡史奴比，我們到圖書館去借一些史奴比的書。」
- **盡可能讓他們對自己的生活有合理的主宰。**「你好像餓了，我們來熱牛奶。」「你今天要穿綠色的或黃色的褲子？」
- **讓他們知道犯錯可作為反省回饋之用，不要怕犯錯。**「這些餅乾的麵粉放得不夠，你看，變得好難看！下次我就知道該加多少麵粉了！」「你打翻了杯子，下次就該知道別把杯子擺得太靠近桌邊。」

● **別忘了給自己應有的尊重。**「我盡了全力終於把門修好，真高興這個門現在好用多了。」「我散步了一段長路，今天感到特別暢快！」

首要元素：鼓勵

互相尊重是培養兒童自尊的基礎，父母親可以用鼓勵的方法奠定這個基礎。尊重是一種可以加以教導、培養的態度；鼓勵是一種技巧，我們可以學會這個技巧，並用這個技巧來培養孩子的自尊。

專注於孩子的優點與長處，鼓勵可以幫助孩子培養對自己的積極信念與態度。當我們鼓勵孩子時，表示我們接受了他們，即使我們不是經常都接受他們的行為。

從鼓勵中，我們認定孩子的努力及進展，而不是只期望、要求完美。父母若以鼓勵為手段，就不會迫使孩子和別人比較競爭。比較競爭能導致孩子認為只有比別人強時自己才有價值；而以鼓勵的方法，父母能幫助孩子接納自己的特點。

克利及安德是一對十一個月大的堂兄弟，他們雖長得有些相像，但行為上卻大不相同。在一場親友聚會中，克利不停動來動去，看到任何事物，他絕不放過探索的機會；他輕巧敏銳，很有決斷。相反的，安德則只是坐著微笑、牙牙學語，只要有個玩具可咬著玩他就高興滿意了。

克利及安德的家人都希望以鼓勵來對待他們的孩子，他們都能互相接納，對兩個小孩的長處也加以認定。雖說兩個小孩的不同點相當明顯，他們也絕不加以比較。他們分別對克利及安德說：「你好像玩得很快樂！」

透過鼓勵的手段，我們教孩子建立自己內化的評價觀，讓孩子自己決定到底他們對自己的努力是否感到滿意，這樣他們才不會以取悅他人來肯定自己的努力。

五歲的小莉正在學寫字，她把寫好的字拿給爸爸看：「爸爸，你覺得如何？我寫得好不好？漂不漂亮？」做為一個相信鼓勵原則的爸爸，他回答：「小莉，重要的是，你自己覺得這字寫得好不好？你自己喜不喜歡你寫的字？我可以看出你很用心，而且也很喜歡寫字。」

這種反應似乎有點不太自然，但這是個鼓勵的方法。在教導小莉自己判斷自己的作品中，鼓勵的方法強調的是自我評價。這方法教導小莉對自己負責，不要只依賴取悅他人來得到自己的滿足。

父母如何鼓勵子女

經常鼓勵孩子的父母，可以幫助他們的子女發展內在的資源及勇氣，他們幫子女找到處理挑戰的方法。父母可以採用下列方法：

(1)重視並接納子女的現狀。每個孩子都具有不同的能力、興趣及發展速度，他們的情緒及行為表現也有高潮、低潮的反應，每個小孩也各有其優缺點，父母應認定並接納他們的優點及缺點，才能使孩子對自己的現狀覺得有所價值。

(2)信任孩子，並以行動讓他們知道你對他們的信任。「我知道你很興奮，但我相信你可以再等個十分鐘。」「去吧！你可以自己拿到球。」「你很快能學會自己綁鞋帶。」

(3)尊重孩子。記住互相尊重及自我尊重是相輔相成的。

(4)讓孩子明白他的價值並非緣於比別人強而來。判斷及比較都不算是鼓勵，一個受到鼓勵的孩子信任自己的價值。

(5)認出孩童的努力及進展。「你越來越能記得吃飯前要洗手了！」「看啊！你能自己用湯匙吃東西了！」

(6)認出孩童的優點及特質。「真好！你能跟表弟分享玩具。你們玩得開心嗎？」「也許你可以唱歌給小弟弟聽，使他容易入睡。他喜歡聽你唱歌呢！」

(7)對孩童有興趣的主題表示你真正感興趣（而不是只對你認為重要的事項）。

(8)保持幽默感。幽默感可以教孩子如何處理錯誤，它可以幫你及孩子保持輕鬆，也可以助你自我鼓勵。

鼓勵與讚美的區別

父母在努力建立孩子的自尊時，往往分不清鼓勵與讚美的不同。鼓勵與讚美是兩樣東西，各有不同的目的。

讚美是一種獎賞，它是以競爭及比較為基礎的。父母在讚美孩子時，是在對父母認為有價值的行為加以獎賞；只有在孩童完成某件事時，才會得到讚美。

鼓勵則是在努力或進步時所給予的，它不是以競爭或比較做基礎，而是以孩子的特點及長處為基石。從父母的鼓勵中，可以幫助孩子接納自己、重視自己，可以提高孩子的自尊。鼓勵可以在任何時候都用上，即使在孩子感到沒做好或面對失敗的時候也都用得上。

尹華（四歲）把她畫的畫給媽媽看。媽媽看不出尹華到底畫的是什麼名堂，但她很快地告訴尹華：「這張畫畫得真好！你真會畫畫！我真為你感到驕傲！」

尹華也許對媽媽的熱烈反應感到高興，但尹華也因而學到取悅他人是很重要的。經過多次這類的讚美反應，也許她會開始相信自己的價值是取決於他人對她的想法。當媽媽給她的讚美不足時，她也許會開始感到害怕恐懼。

三歲的路克微笑地向爸爸展示他的蠟筆畫作。爸爸小心翼翼看著他的傑作，然後說：「路克，我可以看出你對這張畫很高興也很滿意，你很喜歡用紅色與綠色。」

路克的爸爸鼓勵他認定自己的努力，他要路克學習自己下判斷，不要依賴爸爸來斷定他的價值。路克的爸爸也可以要路克談談他的畫，給路克機會分享想法及感覺。

鼓勵可以啟發孩子自動自發的動機，讚美則教導孩子去取悅別人。取悅他人並不是不對，但如果孩子相信只有得到別人的讚美時才有價值的話，那就有問題了。讚美應該與鼓勵一起用，而且應該被用來鼓勵。如果你接受你的孩子，並為他感到驕傲，只因為他是你的孩子，那讚美可能成為鼓勵。

兩歲半的小莉首次成功通過大小便訓練，整天都沒意外發生。晚上睡覺前，爸爸對她說：「小莉真棒！今天每次尿尿你都有到廁所去。」小莉笑逐顏開，她對自己的成就感到好高興。這是由於她父母從一開始大小便訓練，就注意到小莉的努力及步調。當她第一次成功使用馬桶時，他們微笑地對她說：「你想和爸爸媽媽一樣上廁所嗎？」當她尿溼了褲子時，沒有人加以責怪，相反地，媽媽說：「看來你需要換件乾淨的褲子。到衣櫃去拿件你喜歡的褲子，我來幫你清理乾淨。」

假以時日，這類的鼓勵可以幫助小莉依她的速度，成功地轉變為會上廁所。今晚爸爸對她的讚美是一種鼓勵，因為小莉知道自己是被接納、被愛的——不管她在大小便訓練上的表現是成功或失敗。

鼓勵的用語

雖說有時讚美可能成為鼓勵，父母最好避免太常使用讚美，才能比較有效果。記得，我們以鼓勵來幫助孩子信任自己，但當我們用「好」「棒」「真不錯」這類的語調時，我們並非在鼓勵孩子，我們往往是在表達自己的價值及意見。

鼓勵有它自己的語言，以下是一些對孩子的努力加以鼓勵的句子：

- 「你好像滿喜歡……。」
- 「你對……有什麼感覺？」
- 「你可以做到！」
- 「謝謝你幫了個大忙！」
- 「可不可以幫我……」

● 「你下了很大的功夫！」
● 「關於……，你越來越厲害了！」（要詳細）

鼓勵學習——不用讚美及壓力

你是孩子的第一個老師，你要教小孩如何面對變化及挑戰，你要他發展技巧，養成對學習的正確態度。如果你能對教導他「學習如何學習」有較大的興趣，而不是對他的成就及好表現有興趣，那麼你的成功機會就比較高了。

以下是鼓勵學習的一些方法：

(1) 提供學習的環境及學習的經驗。給你的嬰兒足夠的空間，讓他能安全地爬行、探索；讓你的幼兒有機會寫字、畫圖及玩積木之類的玩具；讓學前兒童有機會與其他小朋友遊玩。

(2) 追隨孩子的興趣。假如你的孩子喜歡大象，找些有關大象的書給他看，要他告訴你有關大象的故事。

(3) 注意學習的機會。到公園散步遊玩時，向孩子說明動物、花朵的名稱，或與孩子談談那些人在做什麼。

(4) 問開放式的問題。沒有固定答案的問題可以鼓勵孩子思考、解釋、探索。「你想那隻松鼠要那松果做什麼？」「你是怎麼把積木堆得這麼高的？」

(5) 認定與鼓勵。「你自己會穿衣服、扣鈕扣囉！」

(6) 接受孩子失敗時的感覺，並鼓勵他們再接再厲。「哦！你沒接到球！沒關係，我們再試一次！」

(7) 使學習變得有樂趣。遊戲中學習算術、穿衣或爬樓梯。

(8) 幫助孩子在挑戰的情境中找出替代方法。「我知道你害怕雷聲，我們來看看這本有關打雷和閃電的書——也許我們能找出為什麼雷聲會這麼響！」「要一次收拾這麼一大堆玩具看來很難，你何不先收拾所有的汽車模型，放進紙箱子……（當第一件事完成之後）……車子都收好了？真快！你想接下來我們該收拾什麼好？」

我們要鼓勵孩子學習，而不是強迫他們。許多父母要他們的子女早日達到教育的崇高目標，並且能在其他活動上有所成就，因此很早就開始逼子女用功讀書，但孩子卻為這種壓迫付出代價。他們也許會對自己的表現感到憂慮，萬一無法滿足父母的期望；他們也許會出現頭痛、肚子痛或其他生理上的毛病；他們也許會對這種壓迫產生

表3-1 鼓勵VS.壓力

年齡	鼓勵	壓力
嬰兒期	‧讓嬰兒以自己的速度探索周遭環境	‧揠苗助長，過度、強迫嬰兒接受不適於他的刺激活動；明知嬰兒害怕，仍不顧其反應地將動物展示在嬰兒面前
	‧給嬰兒適合他年齡的玩具	‧給嬰兒超過他年齡能力所能應付的玩具
	‧讓嬰兒依其生理發展速度成長	‧在嬰兒未成熟前，強迫他們學爬或走路
	‧在嬰兒對用杯子感興趣時才幫助他們放棄奶瓶	‧在嬰兒未準備好前就強迫他們斷奶
幼兒期	‧在幼兒表現出興趣及有能力控制生理功能時，幫助幼兒開始訓練大小便的控制	‧在幼兒尚未感到興趣或有能力控制生理上的功能前，就強制孩子用馬桶如廁或開始大小便的訓練
	‧在幼兒表現出興趣時，幫助他們放棄奶嘴及其他習慣（寶貝毛毯或玩具）	‧在幼兒心理上尚未有安全感時，即強迫他們放棄奶嘴等慰藉物
	‧教導幼兒在社交情境中，表現出適於年齡發展的行為（如用餐具進食）	‧強求幼兒表現成熟的行為
學前期	‧鼓勵學前兒童學習適於年齡發展的技能	‧強加教導孩子無法理解的概念
	‧讓孩子能有創造性的、自發性地玩	‧要求毫無變通、守規則的玩法
	‧鼓勵孩子嘗試，不惜犯錯，鼓勵兒童冒險精神	‧強調孩子一定要做對，除非能完美，要不然就不給予鼓勵

反抗，而經常與父母爭吵。

鼓勵孩子學習，我們應該為孩子訂定合理的目標，接受他的努力，並且讚賞他的進步。前頁表3-1中對鼓勵學習及迫使孩子學習之不同，有進一步的說明。

傳達愛意

當孩子知道自己是被愛的時候，他們會相信自己是值得的、可愛的，這樣可以幫助兒童自尊的發展。互相尊重和鼓勵是向孩子傳達父母愛意的最佳方法。以下提供一些向子女表達「我愛你」的方式：

(1) 直接清楚地告訴他們。對每個孩子每天表達這樣的訊息：「早安，小傑！我愛你。」「猜猜看誰愛你像山一樣高？猜猜看誰愛你像海一樣深？」「我們來看看在你的生活中，有哪些人是深愛你的：爺爺，奶奶，阿姨……」

(2) 表示讚賞。「晚安，莉莎！我好高興今天能和你一起。明早醒來又能見到你，真好！」「小明你真是個溫柔體貼的孩子，跟你相處真開心！」「喔！你長大了！我真高興看到你一天天成長學習。」

(3)以身體接觸表示你的愛。對嬰兒及幼兒，以身體溫柔的接觸來表示愛，比任何言語都有效果。照顧嬰兒需要很多的身體接觸，在給嬰兒洗澡、穿衣、換尿布及餵奶時，我們擁抱的方式可以清楚地傳達父母的疼愛之意。當小孩進入幼兒及學前期，他們往往會把我們的情意推開，但父母仍然要以親切的接觸來告訴孩子他們是被愛的。每天，在教他們自己換衣服、梳洗及讓他們上床睡覺時，都有很多機會給孩子親切的身體接觸，親切的身體接觸清楚地告訴他們：「我愛你！」

有些時候孩子也許會拒絕：「不！不要親我！」這並沒關係。我們能尊重孩子的感覺，有些時候他們所要的只是爬到你的腿上磨蹭片刻就夠了。同時，父母也可以和子女玩「抓強盜」「摔跤」等遊戲，小孩子喜歡和你一起碰、滾、跌、跳的。不論是熱情的接觸或親切的接觸，愛就在這種接觸中傳達了。

(4)給每個小孩專屬的時間。我們可能花整天的時間和小孩一起，但卻沒片刻的專屬時間。所謂「專屬時間」，指的是我們放下一切，把所有的注意力都集中在小孩身上的時間。選一個你跟孩子都喜歡的活動一起玩——但要記得大部分應該是孩子選擇的活動。這樣做或許需要你計畫撥出時間來，或抓住可用的機會；在我們這充滿壓力的成人世界，撥出時間專注與孩子玩也許很困難，但是所得的結果會令你覺得這一切都是值得的。當我們例行地撥出專屬時間給孩子時，孩子所得到的訊息是：「我是重要的。」

(5)以尊重的態度指導孩子。我們要再三強調尊重的重要性——一個不高興的表情可能輕易就把想傳達愛的努力抹殺殆盡。當小孩犯錯時，我們所說所做的對孩子的感覺自己是否被愛及他的自尊，有非常重大的影響。

選擇托育保母

不論你的孩子是與你一起或在別人的照顧下，你要讓孩子一致地得到愛與尊重，得到鼓勵，並且能建立他們的自尊。大部分父母偶爾都會有機會把孩子交給別人照顧——上班族的父母平日需要別人照顧小孩，居家的父母有時也需要將小孩交給別人看顧，以便有機會喘口氣，做做自己有興趣的事或與朋友聚聚；有些父母為子女找個幼兒園，使他能有機會與其他孩子在一起。

有一些托育的安排可供你參考，選擇哪種方式的托育得看你個人的需要而定。例如：你的孩子比較喜歡家庭式的托育，只有一、兩個小朋友在一起，或者喜歡較大的托育中心，以便有機會與一大群同齡的孩子交往？同時也要考慮到你的家庭狀況、工作時間及經濟狀況：

- 安排親友代為照顧孩子。
- 僱一個保母到你家裡來看顧孩子。
- 送孩子到家庭托育或幼兒園。
- 與其他父母們共組一個托育互助中心，共同輪流照顧大家的小孩。這種互助中心可經由現有的社區守望相助會來形成，或與鄰居商量組成。

你在選擇個人保母或托育中心時，必須確認他們教養孩子的哲學跟你是一致的。

選擇托育中心或保母時，記住下列的一些問題：

- 育嬰托兒者是否有證書或執照？托育中心需要登記或申請執照，而保母協會與地方政府培訓的保母亦領有證書。執照通常只能保證最低安全要求，並不能擔保服務的品質，身為父母，你要做準確的判斷。

忽視和虐待

恰當的語言及接觸可以對孩子傳達愛意。如果父母很少、甚或從不給予愛的語言或接觸，就成為「心理上的忽視」。不恰當的語言和接觸表示缺乏愛：不恰當的接觸（暴力、性）是為生理上的虐待；不恰當的言語（侮辱、過分批評）就是口頭虐待。

如果做父母的不斷的對孩童感到仇視、傷害或充滿憤怒，甚或只是擔心有這類的作為或感覺，那就該設法尋求專家的援助。醫生、神職人員、諮商中心可以幫助這樣的父母找到專家的幫助；父母也可以搜尋像危機防治處理中心之類的社會服務機構。

● 每位托育中心保母需要照顧多少名兒童？依據英國幼教協會建議，保母與兒童的比例數是：嬰兒為一比三，幼兒一比六，學前兒童一比十；而各研究結果則顯示團體的數量越小越好。

- 安全性高不高？可不可信賴？保母與老師的資格合不合你孩子年齡的要求？
- 玩具及教材是否具有多樣性，以適合不同年齡孩子的興趣？有沒有安排一些培養社會發展的活動？小孩是不是高興並且參與活動？注意電視是不是被用來當做保母？
- 在幼兒園中的老師是不是以鼓勵而不是壓迫的方法，來促進學習及發展？
- 托育中心是否期望並鼓勵父母的參與？一旦小孩進入托育中心，父母應有權在任何時間都可以造訪，不必事先約好。

在你做最後決定之前，到托育中心造訪幾次（最好找一天中不同時段去），認識托育中心的教師及保母。確認你對其訓練紀律、日常作息以及主要價值觀同不同意？同時也可以與其他父母詢問討論。

在送孩子進幼兒園之前，先跟他們談談，聽聽他們的感覺，回答他們的問題。事先帶他們造訪一下，與保母、老師及其他孩子見見面。

勇於承認自己不是完美的

當你讀到這裡，想到在建立兒童自尊、學習鼓勵的方法，並且為早期幼兒教育及找幼兒園做決定等過程中所面臨的挑戰時，你也許會大喊吃不消。或許你會質疑：「我怎麼可能做到這些？如果我做錯了，怎麼辦？」

不要過度焦慮！人非聖賢，孰能無過？就像其他父母一樣，在教養子女的過程中，誰都難免犯錯、做錯決定。你不可能永遠對子女都示以尊重，不可能永遠都是鼓勵子女的好模範——孩子和你都會犯錯呀！你所能做到的是，內心保持一個互相尊重的態度，盡自己努力給予孩子鼓勵，並有勇氣承認自己不是完美的。一旦你有了這個承認不完美的勇氣，你才可能接受自己的現狀，不會強求自己不犯錯，也不會只專注於孩子的錯處。你會因而不惜犯錯，前瞻未來，而不會只對過去感到後悔。

前面我們談到幫助孩子發展自尊的重要性，同樣重要的是，父母也要自己培養健全的自尊心。教育子女是一項挑戰，無論你或是你的子女，都不可能在控制行為及情緒上，永遠是對的。

你需要不時給自己適當的鼓勵，認定自己做得很不錯，專注自己感到滿意的事；

更重要的是，培養自己承認自己不是完美的。有勇氣的父母親應該：

- 把問題視為一種挑戰。
- 為自己的用心感到滿意，而不是從外人的評價或結果上求得滿足。
- 遇到困境時考慮該怎麼辦，而不要認為毫無希望。
- 承認並接受自己難免會犯錯——沒有父母是完美無缺的。
- 相信只要不斷努力一定會有所成。

具有健全自尊的父母，可以幫助他們的子女發展出健全的自尊心。孩子在看到父母勇敢地面對挑戰時，自己也會發展出同樣的勇氣。

本週活動

試著鼓勵自己及你的孩子：

● 找些特殊的方法來鼓勵孩子，並觀察你努力的結果。
● 專注你自己的優點、努力用心及進步，繼續使用第1章〈給父母的話〉中建議的減輕壓力技巧。

要點提示

1 從出生開始，孩子逐漸形成對自己價值的信念。
2 尊重子女，並期望他們對你及他人予以尊重。
3 鼓勵有益於孩子自尊的成長發展。
4 鼓勵讓孩子自己決定到底他們對所做的是否滿意。鼓勵並不要求完美，也不做比較競爭。
5 讚美和鼓勵是不同的。讚美是一種獎勵，只有在孩子有所表現時才會感受到父母的接納與重視；鼓勵則激發孩子，使他們能接受並重視自己的價值。

6 關注你的孩子「學習如何學習」，而不要只求他們表現完美無缺。

7 不要強迫孩子，以設定合理的目標、接受他們的努力用心及讚賞他們的進步來鼓勵孩子。

8 向孩子表示你的愛：

● 告訴他們你的愛意。

● 向他們表示讚賞。

● 親切的與他們接觸。

● 撥出時間跟孩子一起——全心給予注意的專屬時間。

● 對任何行為都給予尊重。

9 無論是誰照顧你的孩子，需要有和你一致的教養哲學。

10 父母需要對自己有所鼓勵，同時也能鼓勵孩子。我們都需要重視自己，並有勇氣接受挑戰。

給父母的話：你和其他成人間的關係

照顧兒女是件費時費力的工作，在你努力建立與兒女間互相尊重及鼓勵的良好關係時，也不要忽視了你和其他人的關係。如果你是已婚或有親密的伴侶，你應該撥出時間來培養那層關係。至於時間的分配及做些什麼，那要看你的經濟狀況及找到保母看顧孩子的情況而定。你和另一半可以：

- 在孩子入睡後談談心
- 出去散散步
- 出去騎單車或運動（但要留些時間談話）
- 出去野餐或上館子吃飯
- 到外地度個週末

在這段與你親愛的伴侶一起的特別時間中，把孩子暫時拋諸腦後，只專注在你們倆的關係上。互相傾訴，分享感覺，相互鼓勵，盡情享樂。

繼續與朋友保持連繫，不論是單身無子女的朋友、有小小孩的朋友或孩子都已長大的朋友都好。偶爾一通電話，可以幫你保持友誼關係。

你和另一半這個禮拜準備做些什麼？這個禮拜你打算做些什麼來維持你的友誼關係？

4

與幼兒溝通

反映式傾聽及「我」的訊息都是溝通的方式，及早開始用這些方法可以給我們一些練習的機會，等到孩子稍微大一點會說話時，我們對這種傾聽及溝通方式，也已能駕輕就熟了。

我們在本書中一直強調尊重孩子的重要性，當我們對孩子表現尊重時，孩子因而了解他們是受重視的，我們也為孩子示範如何對待他人。我們也因此教導孩子，他們的感覺就像他人的一樣，都是重要的。在我們與孩子的關係中，我們應盡可能常常向孩子傳達尊重之意。

請對下面這個成人所面臨的情境稍加思考：

你的鄰居好友來串門子，她看起來一副疲憊不堪的樣子。「真受不了！我工作的地方我連一天也待不下去了！」她往沙發一坐，喃喃地說道。從外表看來，你這朋友時時刻刻都可能崩潰。你以關心的口氣對她說：「看來今天你真受夠了！蹺起腿在這兒坐一下，我來泡杯茶。」「我真需要喝杯茶！」她感謝地回道：「你一定不敢相信今天下午發生的事……」

𝄋

你們夫婦和另一對夫婦，傑瑞和黛比，正一起在客廳看電視轉播球賽。當一個令人緊張的比賽鏡頭出現時，傑瑞因過度激動而打翻了杯子，冷飲潑灑一地。他很不好意思地說道：「真抱歉！我把你們家的地毯弄得又髒又溼的！」正當大家手忙腳亂地幫忙

清理時，你對朋友說道：「沒關係，別在意！這地毯以前曾經有過比這更嚴重的意外呢！」

當朋友遇到困難或犯錯時，我們會試著體會他們的感覺，並盡可能給予幫忙。即使在感到不自在或忙碌無空閒之刻，我們仍會設法傾聽、溝通，因為我們尊重朋友，重視他們的友情。你是否也能以同樣的方式對待你的小孩？

談話是溝通方法的一種，然而我們的肢體語言及語調音量，有時比話語更能傳達訊息。對年幼的孩子來說尤其是如此，因為他們往往無法完全以語言來表達他們的感覺及需求，我們必須學習觀察他們的肢體語言——包括臉部的表情及身體的動作——來找出孩子想要傳達的意念。此外，我們也需要察覺到自己的肢體語言向孩子傳達的訊息，我們的作為表現出我們是否對孩子有所了解及尊重。

傾聽及說話是溝通過程中的兩面。本章我們將探討如何有效聆聽孩子的話，以及如何以尊重的方式表達你自己的感覺。

如何成為一個有效的傾聽者

在孩子的一生中，我們需要傾聽一大堆一大堆的話。若我們能好好傾聽，我們可以幫助小孩辨別、接納並了解他們的感覺，幫助他們找到處理感覺及問題的方法，而且，我們可以鼓勵孩子成為一個有效的傾聽者。

我們傾聽者的角色始於對嬰兒剛出生的第一聲哭的反應，此後的數週數月，我們傾聽嬰兒表達飢餓或疲倦、無聊或害怕的哭聲。我們同時也必須以眼睛來「聽」，因為很快地嬰兒開始會用肢體語言；他們也許會以微笑來告訴我們高興的心情，在給他們穿衣時，他們也許會滾動軀體以表示生氣或受不了的心情。當嬰兒長大一點時，他們逐漸學會什麼樣的信號可以叫成人抱起他們；一個幼兒會知道拉著大人的褲角到冰箱前，指著要他們喜愛的食物。在滿週歲之後，大部分的幼兒會開始牙牙學語，我們會以驚奇及驕傲的態度來傾聽幼兒的第一個字；不久後，我們聽到他們把單字造成句子……

為了很多的理由，年幼的孩子要求成人傾聽他們的話。大部分他們所想傳達的訊息都是很簡單、清楚的，例如：「我要餅乾！」而成人的反應通常也是簡單清楚的：

「好！」「不可以！」當傳達的意思被了解時，傾聽是一件相當容易的事。

有時候孩子要傳達的意思無法很清楚地用他們的話表達出來，這些較複雜的訊息通常與孩子對某情境的感覺有關——即這情境對他們的意義，孩子需要父母及成人傾聽、了解並接受他們對這情境的感覺。

這不正是我們也需要的嗎？想像下面這個情境：

你辛苦種了好幾年的花圃被鄰居所養的寵物小白兔摧毀殆盡，你向朋友說：「我的整個花圃全毀了！」你的朋友回答：「過去的就過去了，救也救不回。忘了它，重新再來吧！你以為只有你一個人倒楣嗎？你還沒聽到今天發生在我身上的事呢！……」

你朋友的回應表示他知道你的花圃被摧毀無遺，然而對你的心境卻一點都不予理會。他對你的感覺一點都不加尊重。

你要自己的感覺受到傾聽、了解及接納，當你的感覺被傾聽、了解及接納時，你相信你的感覺是重要的，並且是值得注意的。你得到一種關心及關懷的訊息，這有助於你將來對他人的感覺給予關心及關懷。

對你的小孩也一樣，他們也希望能得到傾聽。你傾聽及表達感覺的方式，可以做為孩子培養這種技能的楷模。幼小的孩子很難從別人的觀點來看事情（記住，五、六歲以下的兒童通常都是以自我為中心的），但當他們開始體會到自己的感覺受到重視的時候，他們會逐漸了解到別人的感覺以及傾聽的重要。

反映式傾聽

為了鼓勵孩子對自己的感覺有所察覺及信任，而且以建設性的方式來表達他的感覺，我們建議你使用反映式傾聽。在反映式傾聽中，你像一面鏡子一樣，把孩子表達的感覺反映出來。反映出孩子的感覺，第一可以幫助孩子感到他已被了解；其次，可以幫助他學習表達感覺的語言以便能更清楚地表達他的感受。

反映式傾聽既是一種態度，也是一種技巧。從態度來看，表示你重視你孩子的感覺及所說的話，表示你對孩子語言及肢體語言背後隱藏的意義是開放的，表示你願意去了解他們。

就技巧而言，反映式傾聽過程如下：

(1)雙眼要注視孩子。用身體姿勢來表示你是在傾聽的。倘若孩子的視線是在你的腰或膝上，也許你得彎下身或抱起小孩，或兩人都坐下。停下一切正在進行的工作，給予孩子所有的注意。

(2)傾聽並界定孩子的感覺。在全心聆聽之後，問問自己：「到底孩子有什麼樣的感覺？」然後思考找出描述那種感覺的字眼。

(3)陳述感覺。現在，把這個感覺的字眼用在句子中（參考本章後面所提供的詞彙表）。很多人認為從下面這個反映式傾聽的公式開始比較容易：

你感到（陳述感覺）……因為（陳述感覺後隱藏的理由）……

- 你感到難過，因為瑪莉受傷了。
- 你感到興奮無比，因為珍珍今天晚上會過來吃晚飯。
- 你覺得累了，因為你辛苦了一天。
- 你感到高興，因為凱蒂要來玩！

一旦你熟習了這個公式，你就可以應用比較沒那麼死板的說法：

- 瑪莉受傷了，你感到很難過。
- 珍珍的拜訪讓你非常興奮！
- 今天辛苦了一整天，你一定累壞了！
- 你喜歡跟凱蒂一起玩，對不對？

以這種方式反映出感覺，讓你的孩子知道你聽到了他所陳述的感覺及用語背後的意思。就像一面鏡子，你把所聽及所看到的反映出來。

在公園愉快的玩了一上午，三歲的女兒頓腳哭鬧著說：「我不要回家！」你差點就想回以：「少胡鬧！回家去！」但你卻以反映式傾聽法說：「因為你玩的時間已經過去了，你感到很失望，可是你今天玩得好開心啊！」

你聽到她的話並看到她的肢體語言，運用你對孩子的了解及你的常識去了解她說的話及其真意，並反映回去。孩子內心的感覺得到認可，有機會表達，並被接受。

有時候你無法確定到底孩子的感覺是什麼，那也沒關係，你可以加以猜測。只要孩子感到父母的誠意及興趣，他們通常會在你誤解時重新再設法引導你。

你兒子從幼兒園回來，憤怒的大吼：「學校真無聊！」你回答：「你好像對今天在學校發生的什麼事情生氣？」他以不高興的口吻說：「老師不喜歡我！」接著他一五一十地告訴你為什麼他生氣及發生的困境。

你用反映式傾聽法找出他的話背後的意思。假若你說：「你不該這樣講話！學校並不是你所說的那麼糟糕。」那他或許會覺得他的感覺受到排拒，因而感到不安而不願說出所發生的事。

以上這些例子中，孩子得到有關他們感覺的訊息——他們的父母說出這些感覺，因此，這些感覺一定是被了解了；父母都非常沉著，因此，這些感覺一定是正常的；他們的感覺並沒有受到批判、攻擊，感覺成為正常家庭談話的一部分，因此，有所感覺並將它說出來一定是沒問題的。

幫孩童找語彙

及早開始教導孩子一些描述感覺的詞彙是很重要的。在生命中的頭兩年，孩子已學會不少詞彙，除了杯子、球等實物的詞彙外，孩子也需要學習表達感覺的詞彙，像快樂、傷心、生氣等等。孩子逐漸長大，他們需要學習更豐富的詞彙來表達感覺。了解表達感覺的詞彙有助於孩子的自我了解及自我接納；了解詞彙，孩子才能說出他的感覺，而當你用正確詞彙反映出孩子的感覺時，他也學會如何辨別及描述他的感覺。

做父母的會認為尋找詞彙描述感覺是件吃力的事。以下是一些描述感覺的詞彙，供你參考：

反映「難過」情感的詞彙

生氣　悲傷　迷惑　吃驚　失望　難過

害怕　不公平　恨　不快樂　傷痛　想扯平

被排擠　放棄、投降　抓狂　擔心

反映「快樂」情感的詞彙

讚賞　好棒　好多了　快樂　享受　喜歡

興奮　愛　高興　滿意　棒透了　感到驕傲

使用反映式傾聽的時機

當孩子表現強烈的情緒（不管是正面或負面的），並且直接坦率地表現出來時，反映式傾聽會很有助益。孩子或許會以語言（哭、鬧、耍賴、笑、擁抱）或以強烈的字眼（「我討厭你！」「我要離家出走！」「你是世界上最偉大的爸爸！」）來表現他的情緒感覺。

在沒有明顯情緒表現但你卻感到孩子有情緒隱藏著時，也可以用反映式傾聽法。

四歲的女兒已看了兩個小時的電視，在屋內晃來晃去，然後要求再看電視。在回應她的要求前，你試著用反映式傾聽：「看來你好像覺得很無聊，你是不是想不出什麼可以玩的了？」

在你幫助她認出自己的感覺後，她也許比較可能自己想出一些其他的事來做。

當你必須否定孩子的要求時，反映式傾聽就變得很重要了。向孩子表現出你了解她對此的感覺，但也要對自己的決定堅持。「我知道現在你對我很生氣，因為我不讓你再看電視。」別讓你的孩子控制住你或拖你進入爭論的場面。「我知道你很憤怒，但我還是不准你看電視。我現在要去洗衣服了！」

孩子的感覺需要得到了解及尊重，然而，父母卻沒必要受到言語的侮辱。假如孩子對你口出惡言，你應該指出她的感覺，但也要讓她知道你不能容忍侮謾。「我可以看出你對我感到非常的生氣！沒關係——你可以說『媽媽！我很氣你！』。但是當你口出惡言時，我絕不會聽你的。」一旦你說明了你的底限，若她還是繼續口出惡言，那你就該置之不理。假若這行為仍繼續下去，而忽視不理的方式沒產生效力，你也許必須把她帶離客廳。你可以解釋：「我看你是決定不要待在客廳與大家一起了！」

反映式傾聽有時並不必要。記得我們說過，大部分時候小孩子都能清楚、簡明地把他們的心思表現出來，當小孩說：「我要吃餅乾！」通常這句話後面不會有什麼其他隱藏的意義。

幼年的孩子往往認為自己是世界的中心，並且期望無時無刻都能得到注視，這是很自然的現象。但這種要求不但不可能被滿足，而且是不應有的，有時我們也會因為太忙、太受雜務干擾，而無法使用反映式傾聽。如何向孩子表示我們真的很想聽聽他們所要講的話，另一方面也讓他們了解我們聽的能力是有限度的？這是件相當棘手的事。假如你真的沒時間傾聽，應該直接向孩子說明，告訴他們等一下再來談這件事：「我能看出你感到非常興奮，並想進一步說給我聽，但我有一個重要的電話必須現在就打，吃晚飯的時候你再把去動物園遠足的事從頭到尾說給我聽，好嗎？」

用鼓勵的方式和孩子說話

反映式傾聽可以幫助孩子認識、接受，並了解他們自己的感覺，然而，成人也應該有效地把自己的感覺傳達給小孩。

本書第3章中我們談到鼓勵孩子的重要性，當孩子犯錯，我們需要以不使他們受到挫折的方式處理。我們要與孩子共同分擔這個感覺，而不是一面倒地驟下批評。

正德和瑪莎都是四歲，兩個孩子的爸爸正忙著為正德的房間安窗簾。瑪莎及正德在客廳東奔西跑，而且越吵越厲害；他們不斷地干擾爸爸們，一下子要零食，一下子要綁鞋帶，一下子要他們幫忙找玩具。最後正德的爸爸忍不住對他說：「別再像個害人精似地干擾我們了！這樣下去我怎麼把工作做好？」瑪莎的爸爸則告訴他女兒：「我需要幫正德的爸爸，現在沒時間幫你拿糖。你吵吵鬧鬧的，我們會沒辦法完成工作。我要你和正德乖乖地玩一會兒，我一完成工作，馬上拿糖給你。」

正德的爸爸在受不了之後向正德激烈譴責一番，他的行為是可以理解的——我們都知道在受到孩子吵鬧及要脅狀況下，父母很可能出此下策。但在譴責正德是個害人精時，正德的爸爸已經把一個壞的、令人失望的標籤貼在他兒子身上；更糟的是他這種不滿的反應，這種負面的批評，事實上很可能讓正德達成得到注意的目標。

相反的，瑪莎的爸爸則採取一個比較尊重及具有鼓勵性的做法。一個懂得鼓勵的父母會盡可能避免使用批評的標籤，例如：「好」「壞」「懶惰」「粗魯」「頑固」「害人精」等等。瑪莎的爸爸的回應方式使她了解到：爸爸尊重她及她的要求，只是爸爸現在正忙著；爸爸要她合作，而且讓她知道這個期望。

瑪莎是否會因而變得合作？如果她合作了，她爸爸後來也許會想辦法增強她的合作行為，說：「你今天真乖，安靜地玩，才讓我能夠完成工作，你真幫了個大忙！」如果她不聽話，爸爸可以繼續以尊重的字眼及行動來讓她知道，她的表現是不對的。從長遠看來，這種尊重的言詞及行為會鼓勵瑪莎，並教她與別人相處之道。

哪些才是尊重的字眼呢？有一種有效溝通感覺的方法，稱為「我」的訊息。

「你」的訊息及「我」的訊息

在與孩子談話時，我們可以用「你」的訊息或「我」的訊息的溝通方式。「你」的訊息著重於壓制、責備或嘮叨；「你」的訊息的溝通方式通常都含一個「你」字在句中，以攻擊、侮辱或批判來對待小孩：「你早就該覺悟了！」常接受大量「你」的訊息的孩子，可能因而會開始感到自己沒價值，會抵抗頂嘴，或者乾脆就當耳邊風。「你」的訊息會妨礙合作性的發展，易導致自尊心的低落。

用「我」的訊息是一種比較有效、比較具尊重性的溝通感覺的方法。當小孩的行為觸犯了你的權利時，「我」的訊息以描述你的感覺的方式與小孩溝通。「我」的訊息以你自己為重點，而不是以小孩為重點；「我」的訊息不會以貼標籤或責備的方式對待小孩，在使用「我」的訊息時，你只把自己的感覺表達出來。

在用「我」的訊息傳達你的感覺時，可以用下面的三個步驟：

1 詳細描述某個行為觸發了你的感覺。
2 描述你有什麼樣的感觸。
3 說明這個行為給你帶來的後果。

「我」的訊息可以幫孩子注意到，到底他們的作為受到什麼樣的接納。以尊重的態度表明你的感覺，可以鼓勵你的孩子學習尊重別人的感覺及權利。你可以用「我」的訊息來表明以具建設性的方式分享感覺之重要性。

「我」的訊息的三個重要部分

一如反映式傾聽，「我」的訊息也有一個公式。當你學習使用「我」的訊息時，請用下面這三個部分來組成你的句子：

(1) 當……的時候　「當我看到你動手打人時，
(2) 我感到……　我感到非常擔憂，
(3) 因為……　因為你可能傷到別人。」

- 「當你把玩具留在車庫前的車道上時，我感到很挫折，因為我必須先收拾好才能把車開進車庫。」
- 「當我聽到這麼吵的哭聲時，我感到相當困惑，因為我聽不出到底你在向我說些什麼。」

以上所舉「我」的訊息的例子較適合於大一點的幼兒及學前兒童，為使年幼的幼兒了解「我」的訊息，你也許需要簡化你的句子：

- 「不要抓我的鼻子，好痛！」
- 「吵吵鬧鬧的，弄得我頭好痛！」

以下再舉些「我」的訊息的例子：

兩歲的凱曼跑到馬路上去玩，爸爸在抱她回到路旁人行道上後，對她說：「當你跑到街道中間時，簡直把我嚇死了！你可能會被車撞到而受傷！」

在這個「我」的訊息中，爸爸把凱曼所做的事、他對於這件事的感覺，以及為何如此感覺的理由，都向凱曼闡述了。兩歲的凱曼也許還太小，沒有辦法真正了解到爸爸的感覺，但當爸爸說他快嚇死時，凱曼聽到而且能從他的聲調中感受到他的情緒。

她也許開始把往街道跑的行為及爸爸的驚嚇聯結起來，如此她將慢慢地增進對害怕感覺的了解。

而且爸爸的「我」的訊息溝通方法也可以成為教導凱曼尊重他人感覺的好模範。在整個兒童期，父母的感覺需要以「我」的訊息的方式傳達出來，若能把這感覺以尊重的方式傳達給小孩，假以時日，他們才更有可能培養出尊敬他人的態度，他們也才能學會以尊重的方式表達自己的感覺。

彼哲拒絕和查克分享玩具（兩個小孩都是四歲大），媽媽以「我」的訊息加以反應：「彼哲，當你不讓查克玩你的任何玩具時，我感到很生氣，因為你們之間的爭吵鬧得我無法工作。而且，你不分享任何玩具使得查克感到傷心。」

這樣的「我」的訊息不一定能解決問題，但彼哲從這裡，學到有關他的行為如何影響到另外兩個人的事實。因為媽媽以尊重的方式告訴彼哲，他的自尊不會因而受到傷害，他也可以比較專注於問題的解決。

表4-1 反映式傾聽及「我」的訊息在各階段的運用

階段	反映式傾聽	「我」的訊息
嬰兒期：用感觸之類的字彙對嬰兒說話，對他們非語言的訊息給予回應，讓他們開始學習自己的感觸。雖然嬰兒無法了解你說的話，但他們能體會到你的感覺。	「你拿不到球——你感到生氣！」「你怕狗狗會咬人！是不是？」「你好高興能得到小熊玩偶！」	「你生病時，我好難過！」「當你笑時，我也感到很開心！」「但願我能了解你為什麼會哭！」
幼兒期：幼兒期語言開始發展，因此我們應該對他們的語言多給予反應，但也同時要觀察他們的行為，來了解他們的感覺。	「你似乎因為我說不准吃糖果而生我的氣！」「你因為能和傑美玩而非常興奮！」「你滿臉不高興——你認為不公平是不是？」	「我不知道你哭的原因，教我如何能幫忙你呢？」「當你說你不愛我時，我感到很傷心，但是我仍然愛你！」「當你亂丟玩具時，我怕會有什麼東西被打破！」
學前兒童期：學前兒童的推理能力開始起步，應多對語言訊息給予反應，但仍不可忽略非語言的訊息。用比較詳細的詞彙來描述他們的感覺，不要只用一些籠統的詞語，例如：沮喪、生氣、悲傷、高興。對學前兒童的感覺可以加以猜測——若你猜錯了，通常他們會讓你知道。	「你看起來好像因為比賽沒贏而感到失望！要不要跟我談一談？」「會不會是你覺得被冷落了？」「老師對你的幫忙非常感激，這真是太好了！」	「真高興你把玩具收拾好！我知道你很樂於幫忙。」「看你在潮溼的人行道上跑，令我的心蹦蹦跳的。道路很滑，你會摔傷的！」「看你和朋友玩得這麼好，讓我好高興，因為你能和別人相處得很好！」

傳達友善的「我」的訊息

「我」的訊息不僅能用來傳達不好的感覺，它也適用於傳達好的感覺。

假設你三歲的兒子打翻了一杯果汁，並且自己清理乾淨，你可以對他說：「當你清理你打翻的果汁時，我感到非常高興！可見你能自己動手來處理。」

孩子對自己行為被接受的情況得到回饋，同時他也獲得積極的注意及鼓勵。

以下是一些友善的「我」的訊息實例：

- 「今天回家時看到你快樂的笑容，真的令我感到非常高興。」
- 「我注意到你剛才讓小茜抱你的娃娃，真好！你已經學會了和別人一起分享玩具。」

避免充滿怒氣的「我」的訊息

在「我」的訊息中避免惡意的感覺是很重要的。如果你表現出怒氣，孩子會很容易聯想到受責備的感覺。通常，憤怒是由於其他感覺無法表現出來所造成的結果，例如，你可能開始時感到失望，但沒說出來，然後你想著想著，越想就越生氣了。你可以把聯結在憤怒上的感覺表達出來，這樣你就能避免惡意的「我」的訊息。

三歲的女兒在百貨公司裡走失了，你害怕她是不是發生了什麼事。雖然在你終於找到她的時候，已經進入憤怒、生氣的心境，但是你決定不表現怒氣，而以表現你的感覺代替之。你給她一個熱烈的擁抱，並說：「哦！謝天謝地你沒事！我以為你發生了什麼事，我差點嚇死了！」

在像這樣危險的情境下，別以為你的孩子已上了一課安全指導，因而學會了安全規則──安全指導需要經過好幾年的教誨、一再教誨及增強，才能使小孩學到。千萬記住，年幼的小孩不一定能從你的觀點來了解問題，但是，用「我」的訊息的方式可以使孩子感到受尊重，它顯示出當你被孩子的不良行為激怒時，你仍重視、尊重你的孩子，不以謾罵、責備或威脅為處理問題的對策。小孩若常常接觸到父母以「我」的訊息的方式來處理問題，長大以後就比較可能體會別人的需求及感覺。

保持合乎實際的期望

切記，孩子並不見得會了解、體會所有你想在「我」的訊息中傳達的話。越是年幼的孩子，你越要以簡單的話來傳達你的訊息。

反映式傾聽及「我」的訊息都是溝通的方式，但是這些溝通方式並不能帶給我們對孩子期望的一切；這些只是指導的工具，而不是控制的工具。孩子也許會、也許不會了解，或因為了解我們而不再做令人洩氣的行為。

反映式傾聽及「我」的訊息可以增進溝通，能夠在一些特殊情況下影響到行為，但並不能保證是比較好的行為。

我們深信父母甚至可以在幼小的嬰兒期，即開始使用這些方法與孩子溝通。小小孩也許不懂得話的內容，但他們不會誤解父母聲音及臉上表現出來的支持態度。

- 「我看你很喜歡洗澡呢！」
- 「喔！你伸手去拿搖鈴！」
- 「當你拉貓咪的尾巴時，貓咪會痛痛哦！」
- 「張開嘴巴，食物才能放進去，那你就不會又餓又氣了！」

趁早開始用這些方法可以給我們一些練習的機會，等到孩子稍微長大會講話時，我們對這種傾聽及溝通方式，也已能駕輕就熟了。運用反映式傾聽及「我」的訊息可以幫助你跟孩子，建立一種互相尊重的氣氛，這些方法也可以幫你的孩子避免變得太過自我中心，並且開始能了解及尊重他人的感覺。

本週活動

按時用反映式傾聽及「我」的訊息，並觀察結果。

切記也要反映出、表現出積極的感覺。

要點提示

1 我們都用語言或肢體語言作為溝通工具，年幼的小孩早在他們會說話前就能以肢體語言來表達。

2 有時候孩子想以語言來表達他們對某一情境的感覺，但卻找不到適當的語言來表達。

3 我們可以用反映式傾聽的方式，試著了解孩子的話語背後所隱藏的真意，就像一面鏡子似的，把孩子說的話反映回去。

4 用下面的公式來學習應用反映式傾聽：

你感到（陳述感覺）……**因為**（陳述造成這感覺的理由）……

- 你感到難過，因為米奇受傷了。
- 你感到興奮，因為珍妮要來一起吃晚餐。

5 孩子需要聽到並學習表達感覺的字彙。

6 當孩子表現出情緒化或你認為孩子無法表現出他的感覺時，反映式傾聽會有很大幫助。

7 避免使用「你」的訊息，這個方式通常多在責備或貶斥小孩；多使用「我」的訊息，這個方式通常只是表達出你的感覺，而不責怪他人。

8 用下列公式來學習應用「我」的訊息：

當……的時候　　「當我看你動手打人時，
我感到……　　我感到非常擔憂，
因為……　　因為你可能會傷到別人。」

9 反映式傾聽及「我」的訊息是與孩子溝通的工具，也是影響小孩的方法。但這些並非控制小孩的方法，也不保證孩子會表現出好行為。

給父母的話：成人間應有話直說

許多人往往期望他的配偶或好友，能了解自己的心意——在不明說的情況下，要他們能了解我們內心的感受或內心的要求。這是不可能的事！成人間有效的溝通要靠坦率的直言，也就是說，我們要正確傳達自己的感受及意念，而不去責怪他人或強迫他人符合自己的願望。「我」的訊息是一種有話直說的溝通方式，不但適用於小孩，也適用於成人間。

當某人的行為影響到我們時，我們如果能把自己的感受分享出來，這是一種誠實而且互相尊重的溝通。例如你的室友老是在輪到你洗碗時把髒碗盤亂丟在洗碗槽中而不先加以清理，無形中增添了你許多麻煩。你可以對他說：「當我看到這些裝有剩菜的髒碗盤在水槽中時，我真的感到很沮喪，因為我必須多費力氣、多花時間去清洗乾淨！」你並沒有責怪你的室友，你只是坦率地表明你的感受。

假若你的室友不予理會，你可以清楚表明你的要求：「我希望你能稍微清理一下這些碗盤，這樣可以省下我不少力氣！」。假如這樣還不管用，你就需要攤牌談判。第5章〈給父母的話〉中可以學到談判的技巧。

有話不妨直說：

● 直截了當說出所求（「我要你抱我！」「我要和你談談。」）

● 陳述你的意圖（「我只清洗洗衣籃中的衣服。」「若你能做盤沙拉的話，我願意煮晚飯。」）

● 意圖及聲調要友善，即使在堅定的立場下也該如此。

想想看自己最近與其他成人間關係的情境：在你該說話但卻保持沈默的情境；再想想看自己說出心中的話，但卻是以責備的方式說出來的情境。

從本週開始，練習有話直說。但千萬別矯枉過正，一步步慢慢來。

5

幫助孩子學習合作

合作行為是逐漸發展出來的，為了培養合作行為，倘若我們能了解孩子的需求及限制，我們才能為孩子及自己立下比較合乎實際的期望。

我們的孩子長大後將成為較大世界的一分子，我們期望孩子能對自身感到滿意，能夠輕易有效地與他人溝通，並能在這世界上找到滿意的定位。然而，這一切都不可能在獨立於他人之外達成。為了能舒適地生活並對家庭、社區及社會能有所貢獻，每個人都需要學習和別人互相合作。

正如其他生活的技能，合作的態度及行為是經年累月逐漸發展成的。在我們的協助下，孩子可以開始了解合作的真意，他們可以看清並開始學習與父母、兄弟姐妹及其他孩子合作的方法。身為父母的職責之一就是要塑造孩子合作的行為並加以培養。

不同階段父母能期望的合作程度

父母往往使用「合作」這個字，但實際上真正指的是「服從」。

三歲半的吉娜在晚餐時胡鬧，她一會兒唱歌，一會兒拿食物餵貓，一會兒伸手抓姐姐的麵包，就是不好好吃飯，或與家人一起聊天。爸爸已經給吉娜數次警告，要她好好坐下吃飯，別再干擾姐姐及小貓，但毫無效果。最後爸爸終於受不了而對女兒大叫：

「小姐！我要你合作一點！坐下好好吃飯，要不然……。不准再多說一句話！」

雖然爸爸說要她合作一點，但很顯然的，他真正要的是吉娜服從。叫罵及威脅或許能暫時達到目的，但吉娜的爸爸應該教女兒一些更有用的東西——鼓勵吉娜在餐桌上和別人合作。

合作指的是一起做事來達到某一需求，合作並不是意指「聽從父母的指示」。有許多方法可以協助孩子學習合作的態度及行為，我們要用一些不但能鼓勵正面行為，而且能防止負面行為的方法。本章將提供父母一些教導及鼓勵孩子用合作的方式，解決和別人相處時產生的一些問題。

我們都知道合作行為是逐漸發展出來的，為了培養合作行為，我們最好能了解孩子的發展及其與合作能力間的關係。倘若我們能了解孩子的需求及限制，我們才能為孩子及自己立下比較合乎實際的期望。

父母運用有效的方法可以幫助孩子學習自我控制，這種內在的控制是責任感及合作精神的表現。讓我們來看看我們對嬰兒、幼兒及學前兒童能期望何種程度的合作行為，以及哪種方法能有效幫助他們發展合作的行為。

嬰兒期

嬰兒是好奇的探索者，各種情境都是他們探索的新領域。嬰兒運用自己的各種感官——視覺、聽覺、嗅覺、觸覺、味覺——來探索周遭情境；他們是沒有規則、常識的探索者，另一方面，他們以探索來找尋界限。

嬰兒視自己為宇宙的中心，他們不懂他人的需求及權利，因此，我們不能期望嬰兒能自然地有合作的行為。但是，嬰兒期是開始培養合作性的最佳時期。在嬰兒的第一年生命中，你與他的每個互動行為都是培養互相尊重及鼓勵合作行為的機會。

媽媽正在幫八個月大的培寶洗澡，她說：「當我用毛巾洗你的手臂時你好喜歡呀！現在，你也用毛巾洗我的手臂，我也會很喜歡喲！」接著她拉著培寶的手來洗自己的手臂。

爸爸餵完五個月大的翠茜後，把她放在嬰兒椅上，跟她說：「我剛剛餵你吃飯，你吃飽了。但現在我感到很餓！幫個忙請你陪在我身邊，自個兒玩，讓我好好吃頓飯！」

培寶及翠茜不見得會了解並合作，培寶也許反而要拉媽媽的耳環，翠茜或許會開始吵鬧，使得爸爸不能好好吃頓飯。我們教導嬰兒合作性的第一步，也就是我們著手有效紀律訓練的第一步。嬰兒通常都很執著，但他們並非意圖操縱父母，他們的行為只不過是他們企圖傳達自己欲望的反映。因此，我們不能把這種行為視為壞行為，充其量這只不過是不成熟的自然表現。嬰兒需要成人為他們設定並維持界限，使他們在生理上及心理上感到安全。設定界限是最具愛意及最有效的紀律。

甚至在設定限制之時，父母也能強調合作性。

假如培寶要抓媽媽的耳環，媽媽可以把耳環取下放到別處，並對兒子說：「我知道你並不想傷到我，我也不要你傷到我！你要不要洗我的手臂？」假如他不要，媽媽可以予以尊重，繼續幫他洗澡。媽媽在設定界限時也同時表現出合作的模範。

幼兒期

幼兒期仍然喜歡探索，但幼兒開始了解到自己行動所造成的因果關係：「我跑你就追；我哭鬧你就順從；我哭了你就抱我。」幼兒開始能預測自己行為造成的後果，然後他們開始會改變自己的行為以改變後果。大部分幼兒都知道如何引發父母的特別注意，不管他是在吃狗食或在撕書本，從他們的眼光中可看出他們是衝著你而來的。

幼兒對合作的觀念是很膚淺簡單的，他們也常常表現出一些看來似乎很不合作的行為。開始時，幼兒會表現出一些自我肯定的跡象，並漸漸具有獨立感，這種自我肯定的感覺有助幼兒自尊的發展。

在自我肯定初現之時，也可能跟著有「反抗性」跡象的出現，幼兒可能拒絕做父母要求的事，或甚至做唱反調的事。幼兒學習到他對自己有控制的能力，他也許會在父母要他吃下最後一口飯時緊閉嘴巴不吃；在父母要他穿衣時，他也許會拒絕而東跑西跳的。他開始常常說「不！」——又大聲又堅定！幼兒並非反叛仇視，他們只是在通往獨立過程中學習什麼是他們能做的，什麼是不能做的。

心理學家達森（Fitzhugh Dodson）認為，反叛性乃是嬰兒與幼兒早期之間的過渡階段必然的現象，適當地引導對孩子的發展可以有正面的影響。缺乏這個過程，幼兒可能仍舊停留在嬰兒階段。在處理反抗行為時，你可以重新引導幼兒朝向正面性的活動，以建立獨立及自尊，因而也能培養合作的行為。

祖父看見兩歲半的馬特正在虐待家裡的寵物，他說：「我看你正在摸小狗，牠也喜歡被摸呢！你要不要跟我一起梳牠的毛？對對！溫柔一點，不要太用力，像這樣……」

小津是一個活躍的兩歲孩子，正在吵鬧放肆。媽媽抱起小津，並告訴她：「在公園你可以喊叫跑跳，但在家就不行！我要去洗碗，你可以來幫幫忙，然後我們再到公園去玩。」

學前兒童

學前兒童比幼兒更能預測自己行為所造成的後果，同時也能達到某種程度的自我控制。在幼兒期仍有賴父母以行動來限制他們的行為，而學前兒童則開始能受到言語的影響。幼兒較易激動，而學前兒童則略懂推理；幼兒通常以行動或反應行事，不顧行為的後果，而學前兒童則有些能力可以改變自己的行為，來避免不想要的後果。

因為學前兒童能懂得道理，因此我們該給予他們一些期許。我們可以給予一些清楚簡單的規則，並告訴他們違規可能造成的後果。雖然他們不見得每次都了解你的期望，但他們的了解程度會逐漸增強。

在學前兒童時期，孩子可能開始意識到父母在試圖教導他們合作的行為。期待學前兒童能完完全全與他人合作是不可能的，我們只能期望學前兒童能開始表現出合作的行為。學前兒童仍然相信自己的需求及願望為第一，這是很自然的現象，但在嬰兒期我們所種下的合作行為的種子已開始萌芽。

誰擁有問題？

有父母及子女的地方，就有問題的存在。當有關子女行為的問題發生時，父母可以自問：這是誰的問題？我的？還是孩子的？換句話說，到底誰「擁有」這個問題。問題的擁有者有責任去處理問題。父母在教養孩子的過程中，往往認為父母擁有孩子所有的問題，但父母在設法解決所有問題之時，他們同時也否定了子女學習如何為自己負責的機會。父母不是全能的問題解決者，認清誰擁有問題有助你決定是否該採取行動，或該採取什麼行動。

父母如何能決定到底是自己或子女擁有問題呢？在判斷到底誰擁有問題時，試問自己下列的問題：

- 這問題是否干擾到我作為一個人的權利？
- 這問題是否牽涉到孩子或他人的安全？
- 這問題是否牽涉到資產的維護？
- 我的孩子在發展上是否尚未有能力「擁有」或解決這個問題？

假如對上述的任何一個問題的答案是肯定的，那麼身為父母的你擁有這個問題；如果對上述的每個問題的答案都是否定的，那問題的擁有者是孩子——但也要看孩子的年齡而定。

就嬰兒及幼兒而言，父母往往認為身為父母的自己擁有大部分的問題；隨著孩子的成長，問題的擁有權可以逐漸地轉移給孩子。

假如你九個月大的嬰兒尿布溼了，這問題屬於你的——這牽涉到嬰兒的安全（健康衛生）問題。但如果你五歲大的孩子尿溼褲子，這是他的問題（假設他沒有生理上膀胱的毛病）——他需要自己清理、更換衣褲，以學習對自己負責。

假如你一歲大的嬰兒因肚子餓而哭泣，這屬於你的問題；但如果你四歲的孩子不好好吃午餐，以至於一小時後吵著叫肚子餓，這是他的問題。

怎麼處理嬰兒的問題？

越小的嬰兒越需要我們的照顧。滿足嬰兒的需求是我們的問題——因為嬰兒不能照顧自己。雖說如此，我們應該讓嬰兒做能力範圍內能做的事。若是他們能力不足，幫助他們理所當然是我們的責任，但若是他們能做的事，則我們應該讓他們嘗試，以建立他們的自信。

六個月大的素菊要拿離手邊不遠的玩具搖鈴，她奮力地試著伸手去拿。媽媽在旁看女兒伸手去拿玩具，但她並沒幫女兒，相反的，她鼓勵小女兒自己動手去拿。藉此，她讓小女兒自己擁有去拿玩具搖鈴這個問題。

當三個月大的小凱因肚子餓而哭泣時，爸爸馬上餵他。隨後，小凱在嬰兒床中哭鬧，不睡午覺，他的爸爸並沒立刻去抱他，只讓他在床上自己哭鬧幾分鐘。

父母擁有問題的實例：

四歲的小格每天早晨老是無理取鬧，拒絕自己穿衣服、拒吃早餐，搞得媽媽常常差點來不及在上班前送她到保母處。

爸爸到嬰兒房間，想喚醒午睡的嬰兒，發現三歲的愛美正用手大力戳嬰兒，還拉他的頭髮。

小班（三歲）的父母發覺他用色筆在廚房的牆上塗鴉。

孩子擁有問題的實例：

兩歲的彼得想要跟小貓玩，但每當他靠近小貓時，小貓便火速地溜開，搞得彼得嚎啕大哭。

五歲的愛玲不高興地在客廳中閒晃，她爸爸正在那兒看書。「無聊死了！我不知道要做什麼！」她氣呼呼地向爸爸說：「跟我玩好嗎？」

媽媽聽到從房間中傳來一陣哭嚎，她急忙跑去看個究竟，發現三歲的女兒吉妮坐在玩具堆中傷心地哭著，在旁邊不遠處坐著的是她的玩伴小愛，正在玩著吉妮最心愛的玩具小白兔。「我的小白兔！」吉妮向媽媽哭訴：「我要我的小白兔！」

斷定到底誰擁有問題有助父母對自己立下較合理的期望，也有助孩子建立健全的獨立人格。決定誰擁有問題也是幫助父母知道下一步該採取何種行動的有效工具——若是父母擁有問題時，父母當立即採取行動；若是子女擁有問題時，則要視情況而定。有時候父母也許會要孩子自己去面對這問題，有時候父母則需要幫孩子解決問題。

不論是你或孩子擁有問題時，你可以採取下列一個或數個行動：

- 忽視問題的存在。
- 用反映式傾聽或「我」的訊息的方法解決問題。

- 確定你的孩子了解自己行為造成的後果。
- 與孩子共同尋求解決問題的可能方法。

表 5-1 誰擁有問題？

階段	情境	誰擁有問題	父母適當的反應
嬰兒期	孩子年紀越小，父母越可能是問題的擁有者。對嬰兒而言，安全性及發展上的考慮為重；如果你六個月大的嬰兒因肚子餓或尿布溼而哭泣不停，你是問題的擁有者，因為這牽涉到嬰兒的安全（健康）問題。		
幼兒期	十四個月大的孩子要吃餅乾，爸爸不允許而哭鬧。	孩子	首先，用反映式傾聽法：「我看得出你因為不能吃餅乾而生氣。」然後，尋求解決之道：「你可以吃一個蘋果或一根香蕉。」第三，小孩若仍舊吵鬧，則不予理會。
	幼兒拒絕坐在後座的汽車安全座椅上。	父母	為了安全，幼兒必須坐在後座：「我知道你不喜歡安全座椅，但是為了安全，你一定要坐在後面的安全座椅上。」
	在一個寒冷的日子，幼兒選擇穿短袖衣褲出門。	孩子	幼兒會出門，但在太冷時會回來：「你冷了是不是？要不要換上長袖衣褲，你再出去時才不會太冷？」

階段	情境	誰擁有問題	父母適當的反應
學前兒童	兩個三歲孩子搶玩具。	孩子	「看起來你們兩人都想要玩這玩具，你們能不能想個辦法互相分享？」如果他們不合作，分開他們，或送一個回自己家去；如果沒有打架，就讓他們自己解決問題。
	四歲孩子打翻果汁飲料。	孩子	給孩子自己清理乾淨的機會。
	五歲孩子拒絕吃藥或看醫生。	父母	孩子需要吃藥或看醫生：「吃藥及看醫生是很重要的，這樣你的病才會好，你才會感到舒服點！」

尋求多種選擇

上一章中我們討論到反映式傾聽及「我」的訊息可以如何幫我們解決及了解行為上的問題，單靠這兩個方法也許還不夠，父母親也可以應用另一種方法，這方法叫尋求多種選擇法。尋求多種選擇並不意指父母親可以解決所有的問題，這個方法的主要用意在於幫助父母及子女尋求其他可能的方法來解決問題。

不管誰是問題的擁有者，下面的五個步驟可以幫助你找出解決問題的方法：

(1)**了解問題的真諦，確定你及孩子確實清楚問題的癥結**。反映式傾聽法及「我」的訊息可以幫你及孩子澄清自己的真正感覺。

(2)**用腦力激盪法尋求可能的解決方法**。要孩子提出解決問題的各種方法，或指導他們提出暫時性的建議（「假如你……的話，你認為如何？」）

(3)**檢討提出的解決方法**。你對每個建議有何看法？孩子對這些建議有何看法？

(4)**選擇解決方法**。與孩子（假如他的年紀夠大的話）共同決定可以互相接受的解決方法。

(5)**獲取實踐的承諾，並約定檢討時間**。與你的孩子共同許下諾言，接受解決的方法；然後共同決定一個期限來採用這個解決方法，並訂下時間檢討其效果。

對幼小的孩子，你在尋求解決問題的方法時要盡可能地簡單清楚。例如，在用腦力激盪法時，也許你只要引導孩子找出一兩個可能途徑即可，你甚至可以接受單一的建議——如果這個建議可行的話。

三歲的凱倫在廚房中玩她的娃娃，當爸媽進入廚房準備做晚飯時，滿地的玩具娃娃使他們無法做飯。他們向凱倫說：「這些娃娃在廚房裡，我們沒法做晚飯。你說我們該怎麼辦呢？」「但是他們正在睡覺呀！」凱倫叫道：「這是午睡時間！」「我想他們如果能移到安靜的地方，應該睡得更甜！」爸爸建議。「我知道哪裡比較安靜！」凱倫說著，並且開始忙著把娃娃移到客廳沙發後面的好地點，爸媽才得以開始做晚飯。

有時候也可以給小孩一個簡單的選擇來解決問題：「你如果想跟小喬玩，你得先收拾好這些玩具！」「你們倆好好解決這個問題，不然我不讓你們一起玩下去！」

以下讓我們來看看一些實例，如何處理父母擁有的問題及孩子擁有的問題。

處理父母擁有的問題

問題解決的目標是要找出一個有效的解決方法，對你及子女都給予尊重的解決方法。當小孩子感到他們在一個情境中擁有某種程度的權力或選擇，並覺得他們的想法及期望受到重視時，他們比較可能採取合作的態度。至於你該採取什麼行動，得看小孩的年齡、問題的類別及問題發生的次數而定。

當你抱起十六個月大的小尼克時，他把你的眼鏡抓掉了。你小心地拾起眼鏡，戴上眼鏡，並對尼克說：「眼鏡摔落是會打破的！」幾分鐘後，尼克再度抓下你的眼鏡，你緩緩地把尼克放在地板上，並告訴他：「我不能再讓你抓我的眼鏡，我不抱你！」過一會兒，尼克要你抱他，你於是再給他一次機會。「你要再坐在我腿上嗎？好！但你若再抓我的眼鏡的話，我就會把你放下！」

這個例子中，你用「我」的訊息的方法，陳述事情可能造成的後果，並且徹底執行。尼克還沒學到怎麼控制自己的行為，因此他可能再度把你的眼鏡抓下。知道事情的後果有助於他學習控制——當他第二次抓你的眼鏡時，他得到的結果是被你放在地上。他開始學到為什麼，並對自己行為造成的後果有所選擇。

四歲的蘇菲亞打斷媽媽的電話。媽媽說：「當你干擾我講電話時，我感到很困惑，我沒辦法同時跟兩個人講話。如果你需要我的注意，是不是能有其他方法？」媽媽和蘇菲亞共同想出了三個解決的方法：

1 在打電話之前，媽媽先問蘇菲亞有沒有什麼需要媽媽幫忙做的事。
2 蘇菲亞可以耐心地等幾分鐘（兩人事先同意），讓媽媽打完電話，然後媽媽可以全心聽她的要求。
3 假若蘇菲亞一定要媽媽的幫忙，她可以畫出她要的東西給媽媽看。

在這個例子中，媽媽與女兒開始共同尋求解決問題的方法。一個四歲大的孩子，如果她確實感受到自己的想法受到重視，並沒被忽視的話，她可能會提出一大堆建議。在選用一個解決方法後，老問題可能會再度出現，這時候就得另想他法了。媽媽和蘇菲亞將再度共同尋求解決的辦法，母女需要取得一個共識，如果蘇菲亞再度犯錯，她將得到某個特定的後果。

五歲的路易不遵守八點上床睡覺的規定，爸爸認為路易已經夠大了，可以共同協商解決問題的方法。爸爸用下列的五個步驟尋求解決方法。

第一步：了解問題

爸爸：路易，最近你老是拒絕八點上床的規定，當你一而再的從你房間跑出來，媽媽和我感到很生氣，因為我們無法單獨相處。你認為如何？

路易：我不要一個人孤孤單單，我要和你們在一起。

爸爸：原來你感到孤獨，你覺得和我們一塊比較好啊？

第二步：用腦力激盪法尋求可能的解決方法

爸爸：讓我們共同來想想解決這個問題的方法。（可能的解決方法包括：在八點上床前多花點時間陪陪路易；一個禮拜有一天讓路易晚一點上床；隨路易要多晚上床就多晚上床；在他上床時讓他聽錄音故事作伴。）

第三步：檢討解決問題的建議

爸爸：讓我們看看哪一個方法對你對我都比較公平。

第四步：選擇一個解決方法

路易：我要晚一點上床。

爸爸：但我擔心你會睡眠不足，看看有沒有其他比較好的方法？

路易：那我能不能聽故事？

爸爸：聽錄音故事嗎？

路易：是的！

爸爸：好！我們可以試試看，讓我寫下這個同意書表示我們同意這個方法。

第五步：定下承諾並加以檢討

同意書

1 路易將在晚上八點上床睡覺，他可以在關燈後聽一段錄音故事，而後只有在上廁所時才准許離開他的房間。

2 在路易上床前，爸爸或媽媽要陪路易十五分鐘，陪路易讀故事書或玩遊戲。假如路易八點之後還離開房間，第二天晚上爸爸媽媽就取消陪路易的時間。

＿＿＿＿＿＿＿＿（路易的押印）

＿＿＿＿＿＿＿＿（父母簽字）

爸爸：我們試試遵守這個規定三個晚上，然後我們可以討論一下施行結果如何。

如果三天後問題毫無進展，爸爸跟路易可以選用另一個辦法：爸媽需要輪流在晚上陪伴路易——特別是如果他們在白天沒有機會陪伴路易的話。應用反映式傾聽的技巧或許會有助你發現路易對他房間內的某件東西或事物害怕，因而爸媽得另外尋求解決的方法。隨著時日，這種以合作方式共同尋求及嘗試解決問題的方法，將有助於這個家庭解決很多問題。會自己寫名字、年紀稍大的小孩，通常比較喜歡書面契約，要不然口頭契約也可以。

處理孩子擁有的問題

我們的目標在於增進孩子解決自己問題的責任感，讓我們來看看在不同階段孩子擁有問題的實例。

十八個月的瑪莉拿不到衣櫃上的小熊，爸爸說：「搬個小凳子，站在上面看看會不會好些？」瑪莉搬來小凳子，拿到小熊之後，爸爸對她說：「瑪莉！看你學到了什麼？你學會如何自己拿到小熊了！真棒！」

我們要孩子開始學習依靠自己解決問題。用各種方式鼓勵孩子，尤其要專注於他們所學到的新技能及行為。

兩歲半的卡爾因爸媽今晚將出去而不開心，爸爸媽媽體會出他的感覺，並提議在出門前給卡爾讀幾分鐘的故事書。卡爾並不滿足，開始哭鬧，他大哭大鬧並動手打爸媽。他的爸媽對他說：「你真的因為我們今晚要出去而感到非常生氣！首先，我們要和你一起讀這本故事書，但如果你不停止哭鬧，我們將無法讀故事書！卡爾，如果你不停哭鬧，我們會沒時間給你讀故事！」

卡爾的父母反映出兒子的感覺——卡爾知道父母對自己的了解，父母聽到了他的意思；父母也對卡爾解釋了他的行為會造成的後果。儘管用盡了鼓勵的方法，卡爾的父母也許還是不能成功地阻止卡爾哭鬧，但是他們表現出來的尊重及合作的意願，就長遠而言是有好處的，這比放棄或斥責好多了。

當看到動物園中的老虎大吼時，三歲的妮娜躲到媽媽身後。媽媽說：「老虎吼叫好嚇人呀！怎麼樣才可以減少你的害怕？」妮娜建議媽媽握緊她的手，媽媽就照做，於是稍微緩和了她的緊張。媽媽說：「你的方法真有效！看來你好像比較快樂一點了！」

四歲的愛文和隔壁的玩伴鬧翻了，被他們趕回家。爸爸讓愛文慢慢訴說來龍去脈，並談論愛文的感受，然後父子討論解決這個問題的方法。愛文建議：「我可以炸掉他們的房子，或者我可以整天自己待在自己家裡！」爸爸幫著愛文了解這些解決方法可能造成的後果：「如果你炸掉他們的房子，那會造成什麼樣的結果呢？如果你自己待在家裡，你要做些什麼事？」

越是清楚地指導愛文思考他所提出的解決方法，可能造成的後果，愛文將越能學會如何選擇適當滿意的解決方法。

舉行家庭會議

在家中教導及施行合作觀念最有效的方法之一，就是經常舉行家庭會議。雖然正式家庭會議對年幼的孩子並不很適用，但父母可以經由簡單、結構式的家庭討論會方式，來幫助幼童熟悉家庭會議的觀念。家庭討論會也許可以用來幫助你解決問題，但討論會不僅只限於用來解決問題而已，父母及孩童可以用簡易的家庭討論會方式來：

- 計劃家庭娛樂
- 分配家事
- 決定家庭事務
- 給予鼓勵
- 表達感覺與關懷

小孩參與家庭討論的程度多寡依孩子的年齡及成熟程度而定。嬰兒也可以藉在場的形式參與家庭討論會，在他們日漸長大的過程中，他們會對討論會逐漸熟悉，並逐漸增加參與討論的機會。

幼兒及學前兒童能夠對簡單及經常事務參與討論，如果中心論題只有一個而且只做簡單的抉擇，他們也能專注參與。因為年幼孩子的記憶期限較短，會議中的決議最好能在會後立即付諸實現；如果不能的話，要盡快在會議後對孩子提醒會議的決議。

父母及孩子可以討論什麼時候是洗澡時間——吃晚飯前或睡覺前，家庭討論的決議也許是孩子要在上床前洗澡。如果討論會是在睡覺前數小時開的，父母在洗澡前也許需要向孩子提醒一下，數小時前的決議。

對學前兒童或較大一點的孩子，父母也許可以開始引用比較正式的開會結構。重要的是，討論時間仍需要簡短。以下這個基本形式可供參考：

● **以一個好的、正面的事開始**。如分享每個人生活中新鮮、好玩的事情，或對每個人表示你的讚許。

媽媽感謝傑西在學校親手為她做了一件禮物；傑西說他等不及生日快點到來；爸爸指出小嬰兒在地上玩玩具玩得好開心；六歲的姐姐說：「今天我餵了弟弟！男孩子真的髒死了！」

● 討論「老問題」。家人也許同意上次決定的洗澡時間似乎進行得不錯，或者決定改變一個甚或兩個小孩的洗澡時間。

● 討論「新問題」。家人或許可以討論傑西即將來臨的生日計畫。

千萬記得孩子的各項技能及理解力的發展是逐漸成長的，我們成人也一樣，學習與我們周圍人們共同合作的事是終身的過程。經由我們的範例及身體力行，我們可以為孩子創造一個環境，使他們能培養尊重及合作。

本週活動

認出事件中是誰擁有問題，並提出適切的多種選擇。

要點提示

1 合作意指共同做事來達到某一需求。

2 從嬰兒早期開始，我們可以幫助孩子學習合作的態度及行為。

3 孩子逐漸隨時日成長而發展合作及問題解決的技能。

4 嬰兒需要生理上的界限；他們非生來即有合作性，但可以開始學習合作的意義。

5 幼兒需要生理上及社會性的界限；他們開始表現自我肯定的個性，以及反抗性——拒絕聽話，或者唱反調。

6 學前兒童稍具有自我控制的能力，他們了解自己行為造成的結果，並有部分能力改變自己的行為以避免後果。

7 問題的擁有者有責任處理問題，有時是父母，有時是子女擁有問題。

8 要斷定誰擁有問題，試問自己下列四個問題：

● 這個問題是否干擾到我作為一個人的權利？

- 這個問題是否牽涉到孩子或他人的安全？
- 這個問題是否牽涉到資產的維護？
- 我的孩子在發展上是否尚未能擁有或解決這個問題？

假如上述的任何一個問題的答案是肯定的，那麼身為父母者便擁有這個問題；若四個答案都是否定的，則子女擁有這個問題。

9 不管是你或孩子擁有問題，你可採取各種可能行動來解決這個問題：

- 忽視問題的存在。
- 用反映式傾聽或「我」的訊息來解決問題。
- 確定孩子了解自己行為造成的後果。
- 與孩子共同尋求解決問題的可能方法。

10 尋求解決問題的多種選擇途徑，有五個步驟：

- 了解問題
- 用腦力激盪法尋求解決問題的可能方法
- 檢討解決問題的建議
- 選擇一個解決辦法

● 訂下承諾並定期加以檢討

11 我們要幫助孩子發展出解決自己問題的責任感。

12 家庭會議可以創造出大家一體的感覺，並有助於問題解決。對幼小的孩子，可採用比較簡短的家庭討論會。

給父母的話

I 處理成人間的衝突

尋求解決問題的多種選擇，既可以用來處理孩子問題，也可以用來處理與配偶、朋友或親人之間的衝突。你可以用下列步驟來尋求解決方法及交涉：

1 了解問題
2 用腦力激盪法尋求可能的解決途徑
3 檢討解決的建議
4 選擇一個解決方法
5 定下承諾並定期加以檢討

心理學家杜萊克斯提出處理衝突的四大原則：

(1)保持互相尊重：避免吵架或放棄，用反映式傾聽及「我」的訊息法。

(2)找出問題癥結：你也許是在討論金錢或責任分配之事，但討論的問題往往不是真正的問題所在；大部分時候真正的問題是誰對誰錯，誰做主宰，或公平與否。你可以說些像這樣的話：「我覺得我們倆好像都希望自己是對的，這樣怎能幫助我們解決問題呢？」

(3)改變意願：在一個衝突情況中，牽涉到的人早已下定爭吵的「意志」。你可以改變你自己的行為來改變這種意願，必要的話不妨妥協一下。

(4)邀請參與決策：當兩方面都提出解決方法，並找出一個雙方都願意接受的解決方式時，協議即算達成。如果協商無法達成，你只好陳述你的意願：「由於我們不願共同找出雙方可接受的解決方法，我將……（陳述你的意圖）。」你的意圖只不過陳述你將如何處理這問題而已，並非陳述另一方將做什麼。

假如在你與其他人間有什麼衝突需要解決，在決定你將如何應用這些步驟來尋求解決途徑，及運用解決衝突的原則來處理衝突時，你將如何打開討論之門？

11 與親友意見不同時怎麼辦？

有時候別人不了解你教養子女的方法，因而干擾到你的教養方法與原則。你可以認同他們的感覺並陳述你所採取的行動之理由（「我可以了解你對我教養小寶的方式感到不以為然，但我發現這方法對我很有用。」）；有時你甚至於必須挺身而出面對他人，並給予他們選擇的機會（「我不同意你用這種方式對待小寶，我很失望；如果你決定再這麼下去，那我只好停止拜訪你家，直到我們能達成共識。」）。這種情況或許很為難，但你必須決定什麼是對自己小孩有利的。

6

有效的紀律

紀律的目的是自律：教導孩子成為負責任及合作的孩子。有效紀律的關鍵在於建立互相尊重並期許合作，孩子通常對尊重及正面的期望會有好的回應。

合乎實際的期望、相互尊重、鼓勵、溝通技巧——這些都是有助於幼兒建立合作性及責任感的架構。在這個架構內，父母可以找出有效的紀律方法。有效的紀律可以幫助孩子學習如何與他人合作，並學習如何管理他們自己的行為。本章將討論紀律的詳細方法：為孩子劃定界限及讓他們了解父母的期望。

獎賞與懲罰：無效的紀律

對許多人而言，紀律的意思就是懲罰。我們之中有許多人都是在以懲罰與獎勵為主要教養方法的家庭中長大，但這種方法並不給孩子任何機會做選擇以培養責任感。在孩子幼小時，獎懲方法雖然似乎滿有效的，但這種方法有長遠的不良效果。讓我們來看看獎賞及懲罰的一些不良效果。

獎賞

獎賞會導致孩子認為他們的合作行為理所當然地應該得到報酬。依賴獎賞，父母把孩子訓練成表現出某種行為只是為了得到某種報酬，而不知道與人合作。隨著孩子逐漸長大，獎品的價值也慢慢地增加；打動兩歲兒童的東西不見得會打動得了五歲兒童的心。

懲罰

獎賞教導孩子爭取獎品，懲罰則教導孩子怨恨。懲罰導致關係建立在害怕的基礎上，打擊孩子的自尊心，而且往往導致反抗。懲罰可以包括：

- **威脅**——通常父母並不真的做到。
- **責罵**——通常導致孩子不理會，除非父母大聲斥責。
- **過度反應**——通常只誇張事情的重要性而使問題更形嚴重。
- **貶斥**——包括侮辱、謾罵、指責以及不公平地與其他孩子相比較。
- **剝奪的權利與不良行為間無明確關係**——通常只會造成怨恨。
- **體罰**——體罰孩子等於是明白向他們表示，用打的方式解決問題是可以的。體罰傳達的訊息是：「你比較強大，因此你可以用打的方式壓制小的，以得到你所要的！」給予孩子肉體之痛會導致孩子對父母的害怕，或許可以暫時制止孩子的不良行為，但終究會失效。體罰或許可以發洩父母的怒氣，但大部分的父母事後都會感到愧疚；許多孩子學會了在挨打之後，利用父母的罪惡感來得到各種各樣的特別待遇。

當我們以獎賞或懲罰教導孩子時，等於是教孩子仰賴成人為他們的行為負責。不用獎賞及懲罰的方式，也可以培養合作的孩子。首先讓我們為紀律下個定義。

有效的紀律方法

如果紀律不是獎賞或懲罰孩子，那是什麼？有效的紀律是教導學習的歷程。紀律的目的是自律：教導孩子成為負責任及合作的孩子。以此定義為標準，父母親可以找到許多有效的紀律方法。

有效紀律的關鍵在於建立互相尊重並期許合作，孩子通常對尊重及正面的期望會有好的回應。以下的方法可以有效用來訓練孩子：

- 分散孩子的注意
- 適切地忽視孩子的不良行為
- 安排環境的結構
- 控制情境而不是孩子
- 讓孩子有所選擇並為結果負責
- 撥出時間給予關愛
- 放開束縛
- 增進自己的一致性
- 對正面的行為給予注意
- 以暫停來隔離孩子

在選擇適用的方法時，重要的是同時考慮到兒童發展階段。例如，分散注意力對嬰兒來說是有效的方法，但以暫停來隔離兒童則不適用於嬰兒。安排環境以策安全，及注意到正面的行為對學爬中的嬰兒、學走的幼兒或好奇的學前兒童，都有不同的意義。

同時，某種特殊方法或許對大部分特定年齡的孩子而言都有效，但在每個情境中你也要考慮到孩子的發展階段及理解能力。也許你會發現暫停隔離對你的幼兒毫不管用；或許你學到你的學前兒童能或多或少負點責任，但得看他的情緒狀況而定……無可否認，你會發現對自己的孩子，某些方法比其他方法有效。

分散孩子的注意

十三個月大的雪兒快速地爬向房間角落電燈的插座。「雪兒！」媽媽以平靜的口氣呼叫。雪兒暫停一下，回頭看看媽媽。媽媽友善地抱起雪兒，把她放到房間另個角落，並給她一個玩具玩。

雪兒的媽媽用的是一個重要而有效的紀律方法——分散注意。首先，她叫雪兒的名字以引起她的注意，然後她將雪兒抱到房間的另一個角落，並引導雪兒注意其他可接受的事物。

這一切都在友善、不威脅的情況下進行。如果雪兒再度爬向插座，媽媽可以一言不發，趕快將她移開，帶她爬向其他可接受的物品。以行動代替語言可以避免製造爭奪注意或權力的情況。

如果雪兒真的決意要去玩插座，而且分散注意的方法無效，媽媽可以：

- 更進一步用分散注意的方法，把雪兒帶到另一個沒有插座的房間玩，關起那間有插座的房間。
- 為了暫時的安全，把女兒放在嬰兒圍欄中一會兒，尤其是在媽媽一時忙碌，無暇顧及雪兒之時，這或許是一個別無選擇的方法。

分散注意對幼小一點的嬰兒也有效，這個方法是以尊重的方式來處理幼小嬰兒急切的好奇心及短暫的注意力。如果你抱著四個月大的嬰兒，突然間他抓拉你的耳朵，不妨拿個其他東西給他玩！

適切地忽視孩子的不良行為

三歲的小凱要果汁喝。爸媽告訴過他，如果他以不禮貌的方式要東西的話，將得不到所要的東西；但是小凱這時候已經累了，情緒也不好，因此他開始哭著要果汁。爸爸不予理會，繼續忙著準備晚餐。小凱哭鬧一會兒，然後想起為什麼他得不到所求，於是他改以喜悅的口吻有禮貌地向爸爸說：「請你給我一杯果汁好嗎？」爸爸放下工作轉過來對他說：「沒問題！我喜歡你有禮貌的態度！」

小凱的父親應用了另一個有效的紀律方法——忽視不良行為。這個技巧可以用來處理微小的、但不具破壞性及危險性的騷擾行為，例如賣弄炫耀、鬧彆扭、發牢騷、哭泣、發脾氣、爭權威、存心干擾或要東西吃，以及侮辱他人等。

當然，在有些情境中並不適用忽略不良行為的技巧。例如，孩子和一群孩子一起玩耍，並開始說髒話；在這種情況下，你也許決定不用忽略的方法，而決定將孩子帶開，以避免他的髒話對其他的小孩造成壞影響。

忽視不良行為不僅僅只是不說話而已，如果你仍然把自己的感覺表現在臉色上或肢體語言上，孩子會知道你並不是真正地忽略他。如果孩子已經夠大了，能夠獨處的話，也許你可以到自己房間或到洗手間幾分鐘；如果你走不開，就專注於你正在做的事，不要去理會孩子。不良行為有時會變本加厲，因為大部分孩子都不會輕易地就放棄停止——但你的堅持終究會有其代價。

對某個行為不予理會也許是阻止這種行為的最有效方法，但我們忽視的是行為本身，而不是孩子。當孩子表現出正面的行為時，我們則應給予注意，這樣才能鼓勵孩子，而不至於增強不良行為的目的。

安排環境

兩歲的邦妮從祖母家咖啡桌上的盤子中拿了一顆糖果。邦妮已被告知只能吃一顆糖，於是祖母把整盤糖果收到碗櫃中，日子照常平靜地過下去。

邦妮的祖母重新安排起居室的環境，她安排物品及空間來幫助邦妮學習自我控制及尊重財產。

安排環境有時也稱為保護兒童安全措施，這個方法在前面所舉雪兒的例子中（媽媽以分散注意的方法來引開企圖抓取電燈插頭的雪兒）或許派得上用場。雪兒的媽媽可以把電燈插頭拔出來，或者，她可以用一種特別的安全罩把插頭罩起來，如此電燈仍可插接電源，但對雪兒又不會產生危險；家具也可以用來擺在插頭前以防止雪兒去碰插座。

幼童需要探索才能學習，這有賴我們安排適當環境使他們能有更多的一手經驗。在少說「不」之下，我們為孩子創造了一個更積極的氣氛。

在嬰兒一開始會爬之時，我們就要開始做環境周遭的防童措施。知名兒童專家史波克醫師（Dr. Benjamin Spock）建議，房間應該安排妥當，使幼兒在房間四分之三的空間以內能夠拿到他能拿的東西，這樣一來，安排禁區就容易多了。在非禁區內多放些對孩子不致造成傷害或對你不致造成苦惱的東西。在安排環境時，記住：

- 幼兒正是在學習「我的」的意義之過程中，在幼兒開始學到某些東西是不准碰的時候，我們應開始教他們「我的」和「你的」之差別。

查理（兩歲半）的爸爸拿一件精緻的木雕給他看。「這是我的！」爸爸對查理說，「你要得到我允許才可以摸它！」然後爸爸指著查理陳舊的小獅子玩具：「這是你的！」爸爸解釋著，「我可不可以抱它？」爸爸不時地以這種方式教導查理，因而查理慢慢地學會什麼是擁有權。

- 在你的孩子開始懂得尊重你的東西時，你可以逐漸地多擺些你的物品在家中四處。如果你老是把物品收拾在小孩拿不到的地方，那孩子永遠沒有機會學習到尊重他人物品的行為態度。當然，小孩在處理及使用屬於他人的物品時難免會犯錯，但是逐漸的，他們會學會自我控制以及尊重他人物品的態度。
- 安排環境的另一個方式是盡可能地依常規行事。小孩若能預知父母之期望，則會比較有安全感。例如，早餐後穿衣服，午餐、點心及晚餐每天都在固定的時間吃，睡覺之前一定要洗澡等。

控制情境而不是孩子

做父母往往擔心，若控制不了子女，則子女可能反過來控制父母。但正如成人，大部分小孩也要求控制感。當我們控制住一個情境時，我們設下規則，並給予小孩控制權——在我們設定的限制內，他們有所選擇。我們並沒有以指使小孩該做什麼的方式來控制他們，我們只控制了情境。在我們給予小孩權利對自己生活面能有所控制時（這要考慮到在發展上是否適當），他們就比較可能在限制較嚴時也能與你合作。

有兩種方式可以用來控制情境：

- 安排環境，孩子可以在這環境中自由探索各種事物。如果他選擇做些具破壞性或危險性的事，父母可以用分散注意法，移開「超過限度」之物品，限制孩子自由探索的空間；如果必要的話，甚至可以把孩子帶離那個房間。
- 對較大些的幼兒及學前兒童，給予他們有限的口頭選擇。「你可以在我講電話時，安靜地玩一下子，或者離開這個房間，你自己做個選擇！」你說明了限制及孩子的選擇，如果他還繼續吵鬧，那他是做了離開這房間的選擇。

讓孩子有所選擇並為結果負責

在孩子成長過程中，必須學會做抉擇，並為自己的行為負責。給孩子選擇可幫助他們開始發展獨立及合作性，剛開始時你可以給孩子一些簡單的選擇，一方面能滿足孩子希求控制的期望，另方面又能維持你的秩序：

- 「在這幾個玩具中，你要選哪一個帶到爺爺家玩？」
- 「你要幾顆豌豆？這麼多？或這麼多？」
- 「你要穿紅色的睡衣上床？或藍色的？」

在給予選擇之時，小孩也許會說：「不！我要這個！」你可以回答：「這不在你的選擇範圍內。」這個方法也可以用來對付當孩子不斷改變心意之時，例如，你的孩子選擇蘋果做點心，咬了一口，然後說他改要橘子——這不在他選擇範圍內，因為蘋果已經被咬一口了。

自然及合理的後果

當你的孩子行為需要矯正時，你可以用自然及合理的後果給他選擇。自然的後果是一種因違反自然法則所產生的結果：孩子拒絕吃午飯則將挨餓。合理的後果則是一種因違反社會合作法則所產生的後果：假如三歲的布雷故意騎三輪車去撞凱蒂，凱蒂可能不再跟他玩，或者大人可能暫時取消他騎三輪車的權利。

自然的後果通常不需要成人的干預，但有些自然的後果是危險的；例如，我們不可以讓兩歲半的幼兒跑到馬路上去學習被車撞的危險。因而，我們要為他們安排一個合理的後果：「馬路上不是玩的地方，會有被車撞的危險，你可以決定在屋內玩，或到後院玩。如果你再靠近馬路，那表示你選擇被關在屋內！」假如他決定再往馬路上跑，表示他犯了規，他選擇了被關在屋裡一陣子。隨後，他可能再犯規往街上跑，這次他再度選擇被關在屋內的後果，而第二次關的時間比第一次更長。

有些情況下沒有自然的後果，這時成人就得想辦法安排合理的後果。

合理的後果要符合特殊情境，並具有下列特點：

(1)表現出社會生活的規則。例如：

你正和另一個大人談話，而你的孩子進來玩，並且開始吵鬧。你並不大聲責罵要他安靜或趕他出去，而說：「很抱歉！我們正在談正事。你可以在這裡安靜地玩，要不然就到另一個房間玩！」

(2)和不良行為有關。例如：

你三歲的孩子騎三輪車越過了你限定的區域，你不罰他提早上床睡覺，因為上床時間和騎三輪車無關。你給他選擇：在限定範圍內騎三輪車，要不然罰他暫時不准騎。

(3)把行為（事）與行為者（人）分別清楚。合理的後果並不因為小孩犯了錯而認為他是個壞孩子；相反地，它向孩子傳達一個訊息：「即使我對你所做的這個行為非常不以為然，我還是愛你。」

你的小孩故意將食物丟到地板上。你既不責罵，也不打他，你只是假設他已吃飽，讓他離開餐桌。

(4)關切的是目前所發生的行為。合理的後果是用來處理目前發生的事故，不是過去的壞行為。

孩子要邀請一個朋友過來玩，而上次這個朋友過來玩時，他們不停地吵鬧打架。於是你說：「只要你答應好好地與你的朋友玩，你可以邀他過來。假如你們吵架，我立刻送他回去！」

(5)以友善的方式表達出來。父母在使用合理的後果時，可以用聲調及非語言的肢體表態，同時表現出堅定的意志及友善的關懷，並強調出互相尊重的態度。

媽媽不對她兩歲半的孩子說：「馬上去睡覺！不然……」相反地，她說：「你需要上床睡覺了！你要自己走呢？還是要我抱你上樓？」

嬰兒及合理的後果

大多時候，合理的後果對嬰兒並無效，這是因為嬰兒尚未能有邏輯思考能力。當然，當嬰兒表現出某種行為時，其行為也會造成某種結果；比如說，如果嬰兒刺抓爸爸的鼻子，爸爸也許會抓住她的雙手或將她放在地板上，以免再被她的手指刺到。雖然如此，爸爸卻不能認為一個六個月大或甚至一歲大的孩子能了解自己行為所造成的後果，然而，孩子會學到什麼是可以、什麼是不可以做的行為。孩子從經驗中學習，雖然這些學習可能並不能長期維持。

(6)允許選擇。給予選擇，小孩才有機會選擇負責任的行為，而不只是聽大人的指示。

你對兩歲的孩子說：「如果你能輕輕地摸小狗，你就可以和小狗玩！如果你要打小狗的話，那你只好到別處玩別的東西！」

使用合理後果的原則

以下這些指導原則可幫助你有效地使用合理的後果：

(1)讓孩子為抉擇負責。當孩子下了一個決定，這個決定要算數。之後，給他另一個機會表現他已經願意合作。

五歲的達美在客廳吃東西，搞得滿地髒兮兮。下次她吃零食時，父母不准她在客廳裡吃；但隔一陣子後，父母准許她再試一次，能在客廳好好地吃。

有些小孩老是下不了決定，或許只因自己不知道到底要什麼，或許是有意引起你的注意或表現他的權力。在此情況下，給他嘗嘗猶豫不決的結果。

媽媽讓三歲的瑪莉挑零食，而瑪莉遲遲決定不了。「瑪莉，好好想清楚你要哪樣。」媽媽說。十分鐘後，瑪莉對媽媽說：「我還是不知道該選哪樣零食？」媽媽答道：「這樣吧！我把定時器定在十分鐘，時間一到，你要做好決定。」「如果我仍然無法決定的話呢？」媽媽告訴她：「如果那時你仍不決定，我就認為你並不想吃零食！」

(2)對重複的不良行為，增長後果的時間。每當同樣的錯誤行為再犯時，把後果的時間增長。

在給予再一次機會之時，五歲的達美再度把客廳搞得髒兮兮，而且不清理。現在，媽媽不准她下兩次想吃零食時在客廳裡吃。（如果次數不增加到兩次，達美或許會以為每次她把客廳弄髒，其結果僅是下一次不准在客廳裡吃東西而已，她還是會每一次都弄得一團糟。）

(3)用尊重的方式把條件講清楚。最好用一種友善、協助的語調，把給予的選擇講清楚。你可以用後面所列的方式把後果闡明：「你可以——，要不然你就

————。由你自己決定！」

- 「你可以安靜下來，要不然你就走遠一點。由你自己決定！」
- 「你可以好好和傑瑞玩，要不然你就跟爸爸一起去散步。由你自己決定！」

另一個有用的說法是：「如果你————的話，那你可以————。」

- 「如果你不捏小寶寶的話，你就可以和小寶寶玩。」
- 「如果你能不亂動的話，你就可以騎在我肩膀上！」

陳述你的想法及假設也是一種合理的後果，這可以給孩子機會，選擇如何回應。

- 「如果你誠意地請求的話，我可以幫助你。」
- 「如果你不在時限內換好衣服的話，我就假定你要穿著睡衣到幼兒園去！」

(4)尊重孩子的選擇。孩子有時會故意選擇後果來試探到底你的話算不算數，這是孩子學習限度的方式。你可以用下列的說法來表示你能尊重他們的選擇：「我看你是這麼決定了！」或「你的行為告訴我你已做了這個決定！」但告訴孩子在什麼時候如果他們改變意願而決定與你合作時，你願意再給他一次機會：「如果你改變意願，在（陳述詳細時間），你可以再試一次。」

(5)盡量少說廢話。太多廢話可能破壞合理的後果。小孩在表現出不良行為時，往往期待父母說些責備的話。如果父母說得太多，無形中會強化孩子不良行為背後所隱藏的目標。只說該說的話，用行動來代替。

同樣道理，要盡可能避免嘮叨或威脅；讓孩子做決定選擇的主要目的，是允許他們在自己的經驗中學習。

(6)如果沒有選擇餘地時，需事先說明清楚。在沒有選擇餘地下仍給予選擇機會，只會橫生枝節；給予無限制的選擇也同樣會造成問題。例如，在該是小孩結束遊玩，回家去之時，你問小孩：「現在要不要回家？」他的回答多半是「不」；你可以用另一種說法，只說：「現在是回家的時候了！」如果小孩不聽從，讓他選擇如何進屋的方式：「你要自己進去，或要我背你進去？」觀察他的行為，並且依他的選擇行動。

(7)避免在後果中含有任何惡意。父母如以任何方式表達出惡意，會把合理的後果變成懲罰。要保持冷靜，既溫和又肯定，對自己及孩子都表現出尊重的態度。控制你自己的情緒，自己預演一下將如何應用合理的後果。在鏡子前試說一遍，或錄音、錄影下來檢討，注意自己非語言的肢體動作及聲調。在你練習多次並變得能有效應用合理的後果來處理孩子常發生的不良行為之後，你會發現自己在處理意想不到之事時，能更得心應手。

表6-1 用合理的後果處理不良行為

不良行為	造成影響	合理的後果
叫他來吃飯時不當回事	否定或拖延活動	就事論事，把孩子帶到飯桌旁。如果他發脾氣取鬧，把他帶開到一個安全的地方，不到正常的吃飯時間不給他東西吃。對學前兒童，可以用計時器，時間到還沒在飯桌前坐好，就不給他吃。
不收拾玩具		不收拾好不准進行下個活動。（小孩越小工作量也該減少。滿地玩具叫一個幼兒或學前兒童獨自收拾，是項太重的工作，父母可以在旁加以幫忙，或者建議如何一步一步地做。

不良行為	造成影響	合理的後果
不知如何正確地使用物品	破壞用品	教他正確的用法。如果他不聽，舊事重演，暫時不准他使用該物品。
遺失或破壞自己的玩具		教他了解收拾玩具的重要性，確定他玩的玩具適合他的年齡。教他明瞭這些道理，但絕對不要再買玩具來補償這些遺失了或壞了的玩具。
在購物時胡鬧	破壞場地	父母子女一起離開商店，或者下次購物時不帶他同行。
在客廳吃東西，弄髒客廳		不要讓幼兒在客廳吃東西——他一定會把客廳弄髒。至於學前兒童，如果他把客廳弄髒，下次就不准他在客廳吃。
要求注意	打斷你的工作	父母可以忽視之，或暫時離開一下。
干擾團體活動		把小孩帶離團體。
不幫著餵寵物	拒絕合作	幼兒因太小，無法時時刻刻記得清楚，但經過提醒，應能幫忙餵寵物。學前兒童偶爾或許需要提醒，如果提醒後仍不合作，可以讓他知道，除非餵了寵物，否則不許吃飯。
要求幫忙		除非孩子以尊重的態度要求幫忙，否則不予幫忙。如果孩子失控而胡鬧，父母可以幫他靜下來，然後與他討論。

*了解兒童發展上的需求及能力，能使父母在處理許多兒童問題時更得心應手。嬰兒需要以探索的方式學習，安排環境結構使嬰兒能有更多的一手經驗，而不必到處防範他們；一旦嬰兒開始會爬會走，家中必須小心做好安全防範措施。幼兒及學前兒童也需要一個能讓他們以一手經驗探索學習的環境，周遭環境仍需要安全防範措施。記住，每個幼小兒童都需要給予一些清楚的指導原則及規範。

撥出時間給予關愛

每個孩子都需要得到注意。有些父母對孩子所做的任何事，不管是對是錯，都給予注意；有的父母則大多只注意到問題行為。這兩種極端例子都會教小孩認為，他們有權利，無論在什麼時候，都應該獲得父母的注意。

為了避免這種情況的發生，我們應該設法安排一些時間與孩子相處。與孩子相處的時間，重質不重量，每天花一些專注的時間與每一個小孩一起遊戲、摟抱、互相娛樂，這對孩子的情緒發展及親子關係都是很重要的，這也可以有助於防止問題行為的產生。

事先計畫一下和你的孩子度過時間的方式，在和每個孩子共度獨處時間時，把你全部的注意都花在孩子身上。

打從嬰兒時起，安娜（兩歲）的媽媽每晚睡覺前都抱著女兒坐在搖椅上唱兒歌。這已成為母女間珍貴的共享時間，安娜現已會與媽媽合唱，並選擇自己喜歡的歌唱。這個慣例給母女倆每天約十五至二十分鐘親近相處的時間，建立母女間的良好關係，也使安娜能安靜下來睡覺。

四歲的巴特及爸爸都是早起者，通常父子倆每天清晨在爸爸上班前都一起出去遛狗散步。清晨散步使父子倆每天都有一段時間相處，並為他們的一天立下愉快的開端。

放開束縛

在孩子逐漸成長並學會與成人合作之時，我們也應學習放開束縛，來表現我們對孩子的信心，來建立他們的自信。在我們表現出信心，認為孩子能夠面對適於他們年齡及成熟程度的各種挑戰時，我們也為孩子建立了他們對自己的信念。

假若我們給予或期望太過度的保護、服從、縱容等，我們將很難放手讓孩子自己站起來。

(1)保護。孩子需要保護，但一個受到過度保護的孩子會因而缺乏自信心，他會感到沒有能力面對挑戰。

爸爸可以看著會爬的幼兒在草地上到處探索，而不必每秒鐘都緊跟在旁邊；在散步途中，媽媽可以讓她兩歲半的孩子和一隻友善、用皮帶栓住的狗打招呼；一個五歲大的孩子需要學騎腳踏車，即使在學習過程中難免會跌幾跤。

(2)服從。我們不能以製造絕對服從的機器人方式，來幫助孩子或自己，在這種情況下成長的孩子也許會變得性情乖張或反叛性強烈。

(3)縱容。放開束縛並不表示父母讓小孩為所欲為，太過縱容等於是告訴小孩有權做任何事，不必顧及別人的權利。問問自己：「縱容孩子這個行為是否有助於孩子學到與別人合作相處之道？」如果答案是否定的，也許你得為這行為設下限度。

教養子女的最終目的，是要幫助子女成為獨立並能為行為負責的人，適時適度地放開束縛有助子女達到這個目標。就如教養子女的其他面，放開束縛應從孩子幼小時就開始，並且隨著子女責任感的增長而繼續下去。在子女能表現出尊重的行為時，我們要更加地放開束縛。

增進自己的一致性

孩子需要具有一致性的紀律。父母若能前後一致，以相同方式應對相同行為，無論何時何地，子女一旦做出錯誤行為，他們就會知道有何後果。父母應盡可能增進自己的一致性，但也要知道自己是有限度的——天下沒有一個人能夠永久都是一致的。

如何在公共場合中處理孩子的不良行為

在你帶著幼小孩子到任何公共場合時，你最好已經建立了一套如何處理不良行為的方法。我們在此建議，你在家中所用的訓練紀律原則，也應該用在商店中、餐館中以及親戚朋友家中。如果你在家中用的是一套紀律原則，在外用的又是另一套，你的孩子也許會學到在你們外出時來操縱你。若你能不論在何處都用同一套原則，你的孩子一定會知道自己行為的界限。

在購物時，你那學齡前的孩子吵著要買一些他在電視廣告上看到的玩具。你對買玩具早已定有一些規則，而他卻拒絕遵守你的規則，並開始吵鬧。你把他拉近身邊，繼續購物，但他還是不停地吵鬧，於是你停止購物，帶他回家去。你以尊重的口吻告訴孩子，你不再帶他外出購物，除非他改變心意，願意遵守你的買玩具規則。

帶幼兒外出到館子吃飯往往是個頭痛的問題。開始時你可以挑選一間家庭式、供應小孩愛吃食物的餐廳，讓小孩帶個能維持他興趣的小玩具。家中設的行為規矩也該用在餐廳中；如果孩子犯了規，做出不良行為，應馬上令他停止用餐，將飯菜打包帶回家。不幸的是，有時候甚至於全家人都得因而遭受牽連！為避免這類情境發生，父母或共餐中的一人可以負起責任，把小孩帶出去或帶到車上。

外出辦事及上餐廳吃飯之類活動，對嬰兒及幼兒而言，尤其可說是非常刺激又具壓迫感的活動。處理年幼孩子在公共場合的不良行為最有效的方法之一，就是避免它的發生。在出門購物前，最好確定你的孩子有充分的休息，確定在時間上不要太接近他正常吃飯的時間。假如你計畫上餐廳吃飯，選擇一間家庭式且能服務幼兒的餐館。

在你不可能為外出辦些日常事務而將嬰兒或幼兒放在家裡時，你可以設法讓孩子參與其中，或以遊戲的方式來辦事，使孩子對出外辦事之行感到有興趣。小孩子喜歡貼郵票、把信投入郵筒中；他們也能從辨認超市的水果及蔬菜中得到樂趣。

如何在親友面前處理孩子的不良行為

如果你認為你需要得到親友的認可才行，那你將難以維持一致性的紀律原則。孩子並不是你自我價值的量表，假設孩子在你與友人聚會的場合中發脾氣、胡鬧一場，你可以保持平靜地用自己的紀律方法來處理這個問題；或者，你可以放棄自己的紀律方法而盼望著朋友沒注意到自己犯錯的孩子。如果你放棄，你的孩子會認為，倘若他能在別人面前讓你難堪的話，他就能夠為所欲為了。

正如外出辦事及上餐廳吃飯，社交性的聚會及到別人家拜訪時也可能造成極大的壓力。嬰兒也許會變得比平常更加煩躁，幼兒也許會失去一些自我控制；了解這些事實有助於父母在此情境中，仍能維持一致性的紀律方法。無論什麼樣的問題，用平常在家中處理的方式來應對，這樣可以給孩子得到他所需要的穩定感及一致性，他們才能學到以冷靜的態度來應對環境的改變及刺激。

親戚及朋友或許會批評你的教養方法，他們也許會做些非你所願之事，給孩子一些糖果或特權，干擾到你的努力。像這類的情境是相當棘手的，最有效的處理方法是用一種友善卻又穩健的態度，把你的意願表明出來。你或許會意想不到，你的自信竟能如此有效地啟發他人對這個意願的尊重！

相反地，假如這個方法無效，情況依舊的話，為了孩子的訓練，你或許會決定在一段時期內不去造訪某些人；然而，這乃是出於不得已的下策。你若越能以尊重的態度來處理，你就越可能贏得別人的合作。

如何在其他孩子面前處理不良行為

學前兒童喜歡、也需要和其他小孩社交往來，然而，在玩伴造訪之時，你自己孩子的紀律問題可能會浮現出來。重要的是，不管孩子的玩伴在不在場，你仍要維持同樣的紀律方法。雖然在其他小孩造訪時孩子的行為通常會表現異常，但是如果我們只因為其他小孩在場之故而縱容自己孩子的不良行為，這對誰都沒好處。

同樣的，造訪中的小朋友也需要知道你對他們行為所定的規範及你的期望。他們對紀律方法不一致的成人也許會存著測試的心理，但是，一旦孩子了解了你對行為所定的規矩，而且知道你是說到做到的，他們就較願意和你合作。如果他們違反你的規則，你也許需要終止他們的造訪，送他們回家去。

對正面的行為給予注意

我們很容易花很多時間，只專注於小孩的負面行為，但如此一來，小孩開始意識到，負面的行為可用來得到注意，得到歸屬感的滿足。設立限度是有必要的，但我們也須顧及平衡，多與孩子做正向的互動。對正面的行為給予注意，多給孩子一些「很好！」「是的！」「可以！」之類的反應，少給一些「不！」的回應。

當規則不同時怎麼辦？

有時候因地點不同，規則也就不同，使得你不能一致。家庭規矩往往會有這種情況。你允許自己五歲孩子在家中能做的事，也許在別人家中就不適當；別人也許定有他們自家的規則，我們必須加以尊重。你可以加以解釋：「在我們家裡，你可以在我的房間玩，但是在茉莉家時，你需要得到她媽媽的同意才可以在她的房間玩。」

這樣的積極態度除了對孩子的自我形象及自信有好處外，也能幫助孩子避免不良行為的發生。當孩子和別人合作得很好時，我們可以給予注意：「小羅，你似乎和小蒙一起玩得非常開心！」在你糾正孩子不良行為之後，盡快的對他的正面行為給予好評會特別的有用，這有助於孩子了解到你拒絕的不是他，而是他所做的不良行為。

以暫停來隔離孩子

以暫停來隔離孩子的方法可以用來幫助幼兒及學前兒童，恢復對自己的控制；這方法事實上給予孩子一段時間平靜下來。把暫停當做最後的方法，只有在其他方法都無效時才拿來用。暫停只適用於一些很具破壞性的行為，例如：

- 大發脾氣，達到不可忽視的程度，並意圖以此來懲罰你或逼迫你放棄。
- 老是打擾到你的活動，已經到了不可忽視的地步（例如在你有客人時故意擾亂你）。
- 幼兒或學前兒童的暴力行為（像打人、咬人）。

我們也可以把暫停視為一種選擇。小孩可以選擇平靜下來，或選擇暫停隔離；暫停是合理後果的一種。

暫停有兩個目的：

- 教導孩子如果他要和別人在一起，就必須學習控制自己的行為。
- 給做父母的一個機會來控制自己的行為和情緒。

最有效的暫停方式是由你離開情境現場。確定孩子是在完全安全的情境下，然後離開到洗手間或房間去一下，在孩子尚未平靜下來之前不要出來。當你不能暫時離開現場，但你又必須以暫停來隔離孩子時，遵守下列原則：

(1)選擇一個暫停隔離的地點。地點需與其他人隔離，小孩的房間是個可能。你或許會不太願意用房間，怕孩子會把房間當做監獄，但如果暫停是就事論事而定的話，那麼就不會被視為是一種懲罰。暫停只不過是給孩子及你一個安靜的空間的變通方法而已。如果你擔心孩子可能會破壞房內的東西，你可以事先計畫，把你不願受到破壞的東西拿走，或搬到小孩拿不到的地方。如果孩子破壞了他自己的玩具，那他得自己承擔後果。

有些父母擔心小孩會踢門踢牆，但修理被破壞的物品比起修護受傷的自尊，可容易得多了！但有一點必須小心注意：千萬不要把門鎖上。如果小孩在暫停時間未結束前就跑出來，以堅定但親切的態度把他帶回房中。

(2)說明規則。孩子需要明白暫停的規則，如果可能的話，最好在問題產生前把規則說清楚。向孩子解釋清楚，在他表現出不能夠好好與他人一起玩的行為時，這表示他選擇了暫停隔離。告訴他，你會設下定時器，時間一到，鈴聲響了，如果他已平靜下來，他就可以出來。

(3)計畫一個適當的時限。第一次時兩、三分鐘就夠長了，如果小孩走出房間後仍不改變，每次新的暫停增加一分鐘，通常以不超過五分鐘為限。對一個幼兒，甚至一個五歲大的小孩而言，五分鐘是相當長的時間。最後，小孩子或許會自己決定什麼時候才可以出來，你也就不必再計時了。你可以告訴孩子：「你如果決定你願意好好地玩的時候，你就可以出來。」這樣一來，他會培養出內在控制的能力。

(4)允許孩子在房內時自己玩。暫停時間過後，如果你發現小孩在房間內玩，沒關係，讓他玩。事實上，這表示他已恢復自我控制。記住：這是「暫停」，不是一種懲罰——如果他不願意，他可以不必出來。

(5)暫停結束後，一切都算過去了。不要去討論它，這只會對你意圖消除的行為引起不必要的注意。

撥出時間來訓練孩子

撥出時間教導孩子發展合作性所需要的一些技巧，是避免孩子表現惱人行為的方法之一。藉著這個方式，父母可以給予孩子渴求的正面注意，既可幫助他們建立一些生活技巧，又可建立他們的自信，打開學習新經驗及責任感之門。如果父母能未雨綢繆，在平常就能輔導孩子熟悉成功生活的技巧，許多的問題行為都不會成為問題了。

教導及學習某項特別的技巧或程序，需要在一個輕鬆的時空下進行。例如，試圖在清晨時刻，家中每個人都急著準備出門上班上學的時刻，來教導幼兒如何正確地穿衣服，對你及孩子都會成為一個不好的經驗！在教導孩子任何技巧之前，確定孩子有興趣學，而且對你及孩子而言都是恰當時機。如有任何一方覺得無聊或累了，立刻停止，另外找個時間再試試看。

對幼兒而言，如果你能把訓練的過程弄得好玩，效果就會更加彰顯。

告訴你的孩子，你要玩一個遊戲並且幫助他學習自己穿衣服。首先，你教他把衣服前後倒穿，並和他一起大笑衣服倒穿的樣子。你說：「如果我們倒走的話，衣服就該這麼穿！」

接著，你幫他把一件衣服正確地穿上，讓他看看是什麼樣子。

然後，你讓他選擇自己的方式試穿另一件衣服。當他穿正確時，給予鼓勵；若他穿錯了，以很尊重的態度再向他示範正確的方式。

用這種有趣的方式幫孩子學習穿衣服，有助於你的孩子每天早晨與你合作，自己穿好衣服。當然，偶爾孩子可能決定把衣服倒穿！在此情況下，你只要說：「我看你是認為衣服倒穿是好好玩的事！」或者你可以告訴他：「耍寶是好玩的事！但今天我們一定要把衣服穿正確！」輕鬆、友善的口氣有助於你贏得他的合作。

有效的紀律有賴父母發揮所有智慧及技巧，正如與孩子間的其他互動行為，耐心及了解有助於我們克服一切困難。倘若我們能時時刻刻記住紀律的意義，輔導孩子發展自律的能力，我們就能保持一種合乎實際的觀點。我們這些願意協助的、尊重的方法，給孩子們提供無數的好榜樣，用來處理他們將來所面臨的問題。

本週活動

實際應用一些適合孩子行為、年齡及成熟度的有效紀律方法，並觀察其結果。

要點提示

1 有效的紀律幫助孩子學習自我控制及合作。

2 獎賞及懲罰並不是有效的紀律方法，獎賞及懲罰教孩子期望成人為他們的行為負責。

3 在選擇有效的紀律方法時要考慮到孩子的發展階段。可採用的方法包括：

- 分散孩子的注意力
- 適時適地的忽視孩子的不良行為
- 安排環境的結構
- 控制情境而不是孩子
- 讓孩子有所選擇並為結果負責
- 撥出時間給予關愛
- 放開束縛
- 增進自己的一致性

- 對正面的行為給予注意
- 以暫停來隔離孩子

4 用自然及合理的後果給孩子一些選擇。自然的後果是一種違反自然法則產生的後果；合理的後果則是一種違反社會合作規則產生的後果。

5 合理的後果的特點為：

- 表達社會生活的規則
- 與不良行為本身有關聯
- 把行為與行為者分別清楚（對事不對人）
- 只關注目前及未來，而不是過去的行為
- 以友善的方式表達
- 給予選擇的餘地

6 應用合理的後果的原則：

- 當孩子做了決定，一定要算數——至少要暫時算數。之後，給孩子再一次機會表現合作的行為。
- 對重犯的不良行為，增長後果的時間。

● 當你給孩子選擇時，用尊重的方式把條件講清楚。

● 尊重孩子的選擇。

● 盡量少說廢話，避免嘮叨、威脅。

● 若沒有選擇餘地時，需事先說明。

● 避免在後果中含有任何惡意。

7 每天撥出一些時間與孩子相處，有助於親子關係的發展，並可防止問題行為的發生。相處時間重質不重量。

8 過度的保護、縱容或要求服從，會妨礙孩子獨立性的發展。

9 暫停是合理後果的一種形式，但最好只有在其他方法都無效時才用。

10 選個輕鬆的時候教導孩子合作的技巧，設法使訓練過程有趣。

給父母的話：父母及子女的權利

家有年幼子女的父母，往往認為自己該為子女犧牲一切，這種態度不但對身為父母者造成極大的壓迫感，同時對子女也不健康。在成長過程中認為自己必須是舞臺中心的孩子，往往會有人際關係的問題。

□身為父母，你有權

- 不受子女束縛，過自己的生活
- 擁有自處的時間及與成人社交的時間
- 建立友誼
- 擁有隱私權
- 珍惜自己的所有物

□孩子則有權——

- 在一個充滿愛、安全的環境中長大
- 讓自己的期望受到重視
- 被當成一個獨特的個體受到尊重
- 擁有家庭成員以外的個人生活
- 擁有隱私權
- 珍惜自己的所有物

父母及子女的權利可以這句話來概括：互相尊重的權利。

本週內，你將做些什麼來維持自己的權利？

你又將如何表現自己對子女權利的尊重？

7

培養情緒及社會發展

當孩子的情緒正在發展的同時，他們的社會能力也正在發展中；在孩子逐漸成熟時，也逐漸往獨立之途邁進。

在本書中我們一直討論到孩子的發展階段及行為間的關係。孩子在生理、智能、情緒及社會能力上一直不停發展，健康的食物和休息、適當的體能活動之間的平衡，能培育孩子正常的生理發展。對適於孩子年齡、興趣及能力的學習加以鼓勵，有助於智能的發展，但不應該強迫或用太過於拘束、學術性的方式為之。

了解兒童的情緒發展

至於情緒及社會能力的發展又如何呢？我們知道，在這些方面的發展過程中，孩子也需要得到輔導。我們已討論過許多以鼓勵、開放式溝通、培養合作性、有效的紀律方法以及建立一個互相尊重的環境等等，來鼓勵孩子正面的成長。本章將進一步探討兒童情緒及社會發展中的一些特殊問題──尤其在幼兒期及學前兒童期這階段的發展，討論父母如何能對孩子情緒及社會的發展提供最好的支持。

每個人都有情緒，在我們每個行為經驗中都包含著某種情緒。如果我們能夠想想自己在處理情緒上所面臨的難題，我們就比較能夠了解到孩子在用他們有限的經驗，試著克服他們情緒上的問題時，面臨的是何種程度的挑戰了！處理孩子的情緒對父母是一項挑戰，最重要的是我們該努力試著去學習體會孩子的情緒——對孩子的情緒有所覺知、敏感。

兒童情緒成熟的快慢，不但因不同孩子之間而有差異，而且同一個孩子在不同種類情緒間也有差異。兒童的生理發展是一種連續的過程，而且總是往前進步的；但是他們的情緒發展則既可能往前進步，也可能往後退化。孩子也許今天對於像是害怕之類的情緒能有某些控制，但也許第二天卻對同樣的害怕失去控制。

三歲的艾倫和爸爸從公園回家途中，心情很快樂，信心滿滿。當鄰居的狗衝上來向他們搖尾示好時，艾倫冷靜地回應：「狗狗不會咬我們！」第二天，艾倫走同樣的路回家，但她整個下午都不順心，心情很亂，對自己也沒信心。這次，當鄰居的狗走過來時，她恐懼不已，閃躲到爸爸身旁。爸爸說：「沒關係！艾倫！你感到害怕，但狗狗只是想和我們打招呼而已！」

兒童情緒的發展，深受周遭環境的支持以及我們的了解、鼓勵所影響。我們可以採取一些特別的步驟，來幫助孩子發展出健全表達情緒的方式：

- 用反映式傾聽幫助孩子表達他們的感覺：「你似乎不太快樂！」「你看來好像不知道該怎麼辦！」
- 修補和孩子間破裂的關係。例如，在你發過脾氣之後，你可以跟孩子說：「對不起我這麼生氣！我們來談談、檢討一下。」
- 尊重每個孩子的獨特性：「你在玩積木時，喜歡哼著歌呢！」
- 對孩子的感覺有所覺知，並清楚地表明我們對他們感覺的同理及了解：「我也聽到隆隆的雷聲！怪可怕的！」
- 與孩子互動遊玩。遊戲可以給予孩子機會談到一些他們可能故意避免談到的感覺，木偶、洋娃娃及填充玩具都可以用來做角色扮演的遊戲。

朱蒂（四歲）的媽媽自祖母去逝後一直都悲傷異常，朱蒂也開始常常行為失控。一天下午，爸爸叫朱蒂把她的娃娃拿出來一起玩遊戲。「你的娃娃是不是有個祖母啊？」爸爸對朱蒂說。「娃娃的祖母死了！」朱蒂回答。在他們遊戲中，朱蒂的爸爸發現，「娃娃」看到她媽媽哭得這麼傷心，怕媽媽已經把她忘記了。經由角色扮演遊戲，爸爸因而得知女兒心理的感受，並且也開始幫她了解及表達這些感受。

- 幫助孩子了解到，有時對同一個人會有矛盾衝突的感受——對一個人同時又愛又生氣：「有時候你喜歡跟阿培玩，但在他胡鬧時你不喜歡跟他玩。」
- 了解孩子，但也要有適當的允許限度，兩者要求平衡：「我可以看出你非常生氣，因為小葛折斷娃娃的手臂，但動手打人是不可以的。過來這裡玩一陣子，直到你不再生氣為止！」
- 了解孩子的「慰藉物」的重要性。嬰兒及幼兒克服情緒問題的方法之一是依賴心愛的某一「慰藉物」，他們也許會以吸吮拇指或抱著一件特別的毛毯來自我安撫。吸吮拇指有時候能夠幫助幼兒處理某個情境，孩子對娃娃、小熊玩偶或毛毯的關懷，也許會增進他將來愛護他人及物品的能力。

情緒及不良行為

從出生到六歲期間，孩子仍需要讓自己的情緒得到了解，不會因成長而脫離這個需求，而且他們大部分時候也不知如何克服情緒。然而，在他們經由嬰兒期進入幼兒期及學前兒童期之時，有時候他們可能開始用情緒來尋求注意及權力。父母對此應有警覺並應以友善及堅定的態度設定界限。

四歲的克雷想吃餅乾。爸爸說：「不行，晚餐時間馬上到了！」克雷開始吵著：「我的肚子餓了！」接著他開始叫鬧：「我要餅乾！快給我吃餅乾！」他繼續不斷地抗議直到他父親發起脾氣，把他帶到他的房間。

克雷的目標是追求權力——他要達到他所要的。他用情緒來試圖達到他的目的，爸爸的反應方式不但無法停止這種不良行為，反而更刺激增強了克雷的不良行為。倘若我們了解為什麼小孩會表現出這種情緒，我們就比較不容易掉進情緒的陷阱中，同時也比較不可能以我們自己的情緒表現來回應。

在克雷這個例子中，爸爸了解到兒子要的是權力，即可決定退出權力鬥爭。他可以忽視克雷的吵鬧，或者如果非把他帶開不可的話，也應該用一種冷靜、就事論事的態度為之：「克雷，我看你是存心不要再待在廚房了！在你願意合作的時候再回來這裡！」

在處理情緒問題時，父母及子女會面臨無數的挑戰。我們在此不可能把所有挑戰都加以檢驗，但我們可以看看所有養育幼兒的父母都會遇到的一些挑戰。

哭泣

哭泣是嬰兒的第一個用來溝通的語言工具，嬰兒用哭來表達他們生理及情緒上的需求。當嬰兒哭泣時，也許是在告訴我們他痛了、餓了或累了，或者他是感到悲傷、生氣、害怕或孤單，或也許他只不過是太過興奮而已。

三個月大的溫蒂有時候因為肚子餓而在半夜醒來哭泣，媽媽餵她奶後她就再睡著了。但有時候溫蒂醒來哭泣，她的父母卻找不出到底是有何生理上的因素。她的尿布沒溼也不餓，她似乎只是需要一些安撫才能再回去睡，於是她父母溫柔地為她撫摸背脊一陣子。

幼兒及學前兒童也會以哭來溝通，因為年幼的孩子無法用語言表現他們的感覺，他們往往以哭泣來表達。父母通常會設法安慰哭泣的孩子，但要特別小心，眼淚及哭聲可能成為有威力的工具！孩子知道情緒的表現可以用來得到注意，或把父母捲入權力鬥爭中。父母親需要了解，子女的哭泣可能是一種情緒的陷阱：父母也許會因為子女哭泣而投降、答應子女的要求、感到罪惡內疚，或者自己的情緒失控。

三歲半的柯迪喜歡和媽媽坐在地板上玩積木。最近，在睡覺時間到了，需要把積木收拾好的時刻，柯迪大哭大鬧：「不！我還要繼續玩積木！」她媽媽感到難受，同時也感到有點內疚——尤其是自己整天上班，沒有太多的時間陪他。再玩下去馬上可以讓他停止哭泣，但只要媽媽說該睡了，他又會再度哭鬧。

柯迪找到了一個有效的方法來得到媽媽的注意，不幸的是，讓柯迪以這種方式贏得注意，並不能幫助他學習到如何處理自己的感覺。在此情境下，柯迪的媽媽應該機智點，表示明瞭孩子的感覺（「你因為現在不能再玩積木而感到非常生氣，但現在已經是上床睡覺的時間！」），並且就事論事地幫他收拾積木，準備上床睡覺。柯迪的媽媽也可以找一些其他的方式，在柯迪不要脅之時，給他一些正面性的注意——也許可以在柯迪幫忙擺晚餐餐具時，特別記下來並給他鼓勵，或者在柯迪「讀」書給小弟弟聽時給他特別的注意。

當然，哭泣並非經常都是壞行為。父母若能小心地觀察情境，注意到孩子的感覺及反應，就可以避免子女用哭泣來達到他們負面的目的。

悲傷

如同哭泣，悲傷有時也能被幼兒及學前兒童用來尋求注意。當孩子嘴巴一翹，頭一低，父母通常可以分辨出到底他是否在尋求特別待遇。對於尋求注意的孩子，父母可以在孩子不要求注意時，給予一些注意。

雖然如此，孩子的悲傷情緒通常是一種祈求幫助的呼聲，這種呼聲不容忽視。悲傷情緒也許是對失去某物的一種直接反應──失去朋友、寵物之死或其他重大的失望事件。傾聽孩子陳述他的感覺，幫他談論這樣的經歷，把你從孩子口中聽到的給予反映、釐清。

悲傷也可能是小孩學到用來表達其他感覺的一種方式，孤單寂寞、不舒服、生氣或情緒低落等感覺，都可能以悲傷情緒顯示出來，找出孩子悲傷情緒所隱藏的意義及目的是非常重要的。在處理小孩的悲傷情緒時，要細心傾聽他的感覺，並以真心的、尊重的態度對待他。

當小孩在經歷一段長時間的悲傷情緒之後，父母應立刻尋求小兒科醫師或專業輔導人員的幫助。

嫉妒

大約從十八個月到三歲半之間，嫉妒似乎是許多小孩特別強烈的情緒。在這段期間，小孩或許因新生嬰兒的來臨而必須與新生兒分享父母的注意；同時，在這段期間小孩或許開始上幼兒園，必須與其他小孩分享玩具及成人的注意。

我們不可能也沒有必要，完全地排除掉孩子的嫉妒心。嫉妒可以幫助孩子面對生活中的挑戰，這些反過來也可以幫助孩子成長成熟。我們可以幫助孩子了解嫉妒的感覺，來減低嫉妒的強度：「因為爸爸現在要餵寶寶，你感到生氣！」「羅利上學了而你不能上學，你感到很傷心。」

當家庭中增添小寶寶時，幼童往往變得嫉妒。以下的指導原則可以用來處理孩子對新生嬰兒產生的嫉妒：

- 確定孩子知道新生嬰兒將來臨。
- 不要因過度給予新生兒注意而忽略了大孩子，你的孩子仍需要你的注意，需要和你單獨相處的時間。讓他知道他對你而言仍是一個很特別的孩子。
- 讓孩子參與照顧嬰兒，讓他做些適於他年齡的差事——拿尿布或奶瓶，或幫著餵寶寶。
- 一個嫉妒的孩子或許會變得具有攻擊性，也許會抓打嬰兒，干擾嬰兒的睡眠，或太用力擁抱嬰兒。最好不要讓一個嫉妒的小孩和一個新生的嬰兒獨處。
- 一個嫉妒的孩子也許會表現出退回幼稚的現象，來引起父母的注意；他也許會增加吸吮拇指的次數，用嬰兒的方式說話，變得易發脾氣，做無理要脅，或撒嬌依賴你。在此情況下，多給幾個擁抱可能比譴責懲戒更能紓解這類的行為。
- 對幼兒及學前兒童要有合乎實際的期望，你多了一個新生嬰兒並不表示他已不再是個年幼的孩子。

恐懼與焦慮

孩子常常以表現出恐懼來顯示他們需要幫助的徵兆。在孩子表現出這種懼怕時，父母所能給予的最好幫忙就是表現出敏感與關懷，給予支持。小兒科醫師布列茲頓（T. Berry Brazelton）提出下列建議，用來處理孩子的恐懼：

(1)要了解恐懼是正常發展過程中的一部分。如果你過度強烈地對孩子的懼怕給予反應，他們更加懼怕。相反地，你應就事論事：「我知道吸塵器的噪音很可怕，但這不會傷害到你，它可以幫我把地毯清理乾淨呢！」

(2)了解為何孩子會恐懼。孩子的恐懼需得到了解。懼怕也許會被小孩用來控制某情境，或從中退怯下來；正如其他情緒，懼怕有時候會被幼兒及學前兒童用來得到注意或權威，而且可能演變成攻擊性。讓孩子了解，有許多正面的方法可以讓自己受到肯定，例如學習如何直接表達自己的感覺。

在開車送孩子上幼兒園小班的第一天，媽媽向慶安說：「我可以看出你因為要上新學校而感到緊張，但踢車子的椅背並沒有幫助。告訴我你踢椅背時，你在想些什麼？」

「我在想家裡後院的鞦韆還有我的玩具卡車，」孩子說：「我想留在家裡玩。」「學校裡有一排很好玩的鞦韆，」媽媽回答：「你可以和其他小朋友一起玩，我想一定會很好玩！」「我不知道！」他含糊地回答：「我不想上學。」媽媽向慶安說：「剛開始到陌生的地方難免感到很奇怪，其他小朋友也會有同樣的感覺，但我想你會玩得很高興！」

(3)維持你所設的界限，堅持你定的規矩。當孩子感到恐懼時，不要因而鬆懈了你所訂的規矩及界限，你的孩子會因為接受了這些界限而學到並發展出勇氣——用來替代恐懼。有許多建設性的方法可以幫助孩子克服恐懼，或從恐懼中得到成長，也有助於孩子培養勇氣。

四歲的阿倫怕黑，拒絕上床睡覺，而且越來越晚上床。爸媽感到很生氣，但卻越來越放寬對上床睡覺時間的限制，現在甚至讓阿倫每天晚上和他們一起睡。

父母讓阿倫的恐懼操縱，並無助於兒子克服恐懼。他或許會在父母的床上睡得安心甜蜜，但他並沒有建立勇氣及對自己的信心──而他的父母每天晚上可多了一個伴侶了！事實上有許多建設性的方式可以讓父母用來幫助阿倫克服恐懼，或從恐懼中得到成長。父母可以讓阿倫睡覺時在房間裡亮著一盞燈；或者在上床睡覺前，他們可以一起巡視房間各角落，確定房內並沒有什麼「鬼怪」藏在衣櫃或床下，他們還可以建議阿倫和一個很特別的玩具動物睡覺作伴。過些時日，他們可以和阿倫討論為什麼他會害怕，以及到底他的恐懼是否實際。幫助孩子區別實際與幻想，往往是很費時的工作。

(4)幫助孩子了解如何將感覺表達出來。和孩子分享你自己、其他家庭成員及朋友如何處理強烈感覺的方法，引導孩子從事運動、遊戲及增加其他經歷以紓解內心的攻擊性，並且表達正常的情緒。至於具有強烈攻擊性的孩子，則需要學習一些其他的方式來宣洩。

一些常見的恐懼

孩子也許會在各種不同情境中感到害怕或焦慮，一般常見的恐懼包括害怕動物、作惡夢以及分離焦慮感。

(1)害怕動物。多和動物相處可以克服孩子對動物的恐懼。讓孩子學習小心地和寵物玩，並常常帶他到動物園看看各種不同的動物。一步一步慢慢來，如果他還沒準備好，千萬不要強迫他太過接近動物；另外，小孩也許會比較容易和小動物接近。你也可以給孩子讀些有關動物的書，幫他們學習到更多有關動物的事。

(2)作惡夢。作惡夢往往可能是孩子與家人、新生嬰兒或玩伴之間關係感到煩亂的一種徵象；作惡夢也可能是一種為獲得注意或權力的無意識目標的表現。在房間內設置夜燈，或與孩子談論他的夢，也許會有幫助。如果惡夢仍持續不斷，你也許應該找專家幫忙克服。

(3)分離焦慮感。孩子需要學會處理與父母分離的情境，才能成為一個成熟的孩子。當你必須與孩子分離時，告訴他你要離開，說明你何時會回來，然後出門。經過一段時間，他就能學會尊重你必須離開的需要，正如你尊重他一樣。

十個月大的大偉每當媽媽要離開他身邊時就大聲哭泣，他才正學到分離的感覺，而且這實在是一種可怕的感覺。當大偉的媽媽要出去一下時，她抱起大偉，給他一個熱烈的擁抱。她說：「大偉，因為我要離開你一下子，你看來好像很悲傷又很害怕。沒關係，你可以感到傷心害怕，不過你將會受到很好的照顧，我也很快就會回來！」大偉對媽媽的話並未全然了解，但他可以從媽媽的音調及肢體語言中感覺到媽媽的關懷，及媽媽尊重他的感覺。

當分離的時間稍長時（例如像父母開始工作），應事先為孩子準備好面對這個改變。一種有用的練習方法就是在開始上班前，先把孩子送到幼兒園幾次。對較大的幼兒及學前兒童，清楚、正面地向他說明你要做的事：「我要開始上班工作了！當我在上班時，你將在何媽媽家與彼利及迪迪一起。」鼓勵孩子說出內心即將面臨分離的感受，接納他的感受，但表示你將如計畫行事。

開始上幼兒園小班也是一種分離，往往造成小孩子極大的恐懼，這種害怕是正常的。你親切但肯定的信心將有助於孩子接受這種分離的必要。你也可以在註冊日之前帶孩子到幼兒園拜訪，讓他與其他小朋友及老師見見面，並鼓勵孩子問問你有關幼兒園的事。

本書第3章中提供你一些選擇幼兒園的指南，可以參考。

父母的恐懼

看著自己孩子長大成熟，父母也常常因而發展出他們自己的恐懼與焦慮。父母在看著孩子變得獨立、有能力做合理的思考，並對外在世界展現興趣時，也許會感到焦慮；但是，孩子總不能永遠是個娃娃，父母應該鼓勵孩子成長，而不能抑制成長。

重要的是，父母應該好好處理自己因為看著孩子長大獨立，而產生的恐懼與不安全感。我們可以從認識自己對控制權具有的複雜感覺開始——我們是不是要孩子保持依賴性？

往後的日子，我們將好好保持鼓勵獨立和設定底限兩者之間的平衡，兩者都是必要的事。在我們鼓勵孩子在情緒上成長時，可以看出成熟與獨立都是可能的，這或許有助於我們得到一些安全感。

發脾氣

發脾氣是最令人感到挫折的情緒行為之一——它是小孩的一種爆炸性的憤怒。小孩發脾氣能讓父母感到生氣、失去控制及不好意思；對小孩而言，則是更難受的事。

(1)發脾氣可能是孩子表達挫折感的表現。年幼的小孩也許無法用語言表達他的感覺，或無法做他想做的事，他的挫敗感及憤怒就會爆發成怒氣。對付這種脾氣的最好辦法是讓小孩哭泣發洩，想幫助他往往會使事情變得更糟。小孩是在和自己的無力感搏鬥，他必須靠自己克服困難。發過脾氣後，你可以抱住他並加以安慰：「要做那麼多你還沒辦法做的事，的確是很困難的！但有一天你一定能夠做到！」

(2)發脾氣可能是小孩用來對付父母的武器。小孩子可能用發脾氣來獲得權力，他也許是試圖強迫父母投降，或者在受到父母拒絕某事時想以發脾氣來和父母抗衡。對付這種情況最好的辦法就是忽視，如果可能的話，離開現場；試圖安慰或好言相勸也許只會增強他的行為。如果忽視行為不可能做到時，用暫停的辦法。事後在他平靜下來時，和他談談他表現的感覺：「你剛才感到好生氣的樣子！」

你也可以試著提出其他可行辦法。

兩歲的布蘭在父母訂下的睡覺時間開始鬧脾氣，拒絕上床睡覺。在此情境下，如果她的父母離開，不理會布蘭的行為，則布蘭就達到她的目的——不必上床睡覺。布蘭的父母以另一個辦法代替，向女兒提出兩個選擇：「布蘭，是睡覺時間了！你可以自己走到你的房間，或者我可以抱你上床，由你自己選擇。」然後，布蘭自己走，或者被抱到她的房間。她也許會繼續發脾氣，但父母的這種反應並沒有增強布蘭尋求權力的目的。

處理鬧脾氣的最有效辦法就是事先避免。這個辦法不可能每次都能做到，但父母可以事前做一些辦得到的事，來減少鬧脾氣的次數。我們都知道，孩子在疲倦或過度興奮之時，他們的行為通常會變得較具攻擊性，如果你知道孩子累了、餓了、過度興奮或挫折時通常會發脾氣，那麼你就可以設法引導他避免那些可能超過他能力範圍或會令他感到飢餓、疲倦的情況發生。有時你也可以設法分散或轉移可能導致孩子緊張的情境，以及引導孩子以比較可接受的方式放鬆他緊張的情緒——比如說跑跑跳跳或隨音樂起舞等等。

壓力

每個幼童生活中都會有壓力的存在，你可以下列方式幫助孩子控制在家庭環境中他可能面臨的壓力：

- 幫孩子立下合乎實際的目標。
- 減少比較競爭。
- 對孩子的努力及任何進步跡象都加以鼓勵。
- 建立一種和諧氣氛，使每個孩子都能感到自己是無條件地被接受。
- 幫助孩子成為有貢獻的家庭成員；例如，讓孩子幫忙家事。
- 幫助孩子學習一些簡單的放鬆技巧；例如做個深呼吸。
- 傾聽孩子的感覺。

生理上的病症是孩子表現緊張的方式之一。布列茲頓醫師認為孩子的某些生理器官，會以產生病症來反應壓力及緊張，這些病症成為小孩子宣洩生活中壓迫感的出口。頭痛及肚子痛也許是某個孩子感受到太大壓力時的症狀，感冒或輕微咳嗽可能是另一個小孩的症狀。父母可以設法確實讓孩子感到自己受到了解、得到接受，以及設法減輕他的壓力以處理這些症狀。如果任何一個症狀持續下去，應該去看醫生，醫生可以幫忙找出其他致病的原因，或提供其他方法來減輕小孩的壓力。

並非所有的生理病症都是因壓力而起的，強烈、持續惡化及太過頻繁的頭痛及疼痛，以及包含像嘔吐及視覺問題之類的併發症，需要立刻送醫治療。

學前兒童的社會能力

當孩子的情緒正在發展的同時，他們的社會能力也正在發展中；在孩子逐漸成熟時，也逐漸往獨立之路邁進。從遊戲及人際關係中他們開始試探自我及他人的觀念，這種追求獨立性的動向顯然是成熟過程中的一環。

孩子追求獨立性的過程往往受到危險及新經驗的挑戰。在父母使用自然及合理的後果來為孩子的行為訂立界限時，孩子從他們的行為學習，並得到足夠的安全感，向獨立更邁進一步。社會能力的成熟包括學習到如何遵守規定與限制。

孩子在要求保護及得到依賴的同時，也要求能夠分離獨立。和其他小孩交往使孩子有機會試探自己的社會性發展，在孩子逐漸長大的過程中，也逐漸變得對與他人交往及學習遊戲規則感到更有興趣。

社會能力在學齡前已經開始出現。在三歲到五歲之間，孩子比以前更有興趣和同齡玩伴交往，他們開始學習什麼是社會能接受的，什麼是不可接受的。除了訂下限制外，父母也需要對孩子的正面行為給予注意，例如，父母可以說：「我們要對同伴好一點！」而不說：「不要再吵架了！」

三歲、四歲及五歲兒童之間，在社會能力及技巧上有一些不同。

□三歲兒童

- 正在學習如何與其他人輪流玩東西。你也許需要教孩子與其他人輪流玩，並用計時器計算他輪流的時間限制。
- 需要學會分享的重要。在幾個孩子一起玩，而只有一樣玩具時，他們需要學會分享。你可以說：「葳葳，在你玩完小卡車後，請你把它交給玲玲，她想玩玩你這部卡車。」在你三歲大的孩子學習如何分享自己的玩具時，也容許他擁有幾個特別的玩具不與任何人分享；你可以在其他孩子到來前把這些玩具收好。

● 讓他仍可以自己玩。千萬不要強迫孩子與其他人一起玩，你可以讓他在其他小孩旁邊玩。

□四歲兒童

● 似乎有較強的慾望與其他孩子一起玩。孩子也許老是會到鄰居朋友家玩，或邀請朋友到自己家中玩。

● 想像力活躍。他們往往創造一些想像的玩伴，可能是人或動物。這類想像的玩伴有時也可能是孩子意識的一部分，你可以隨興以扮演的方式與孩子想像的玩伴一起玩。

● 比較堅定並且自我信賴漸強。他們趨向於跋扈，也似乎比較有自信。但千萬別被愚弄而以為自己四歲的孩子比他實際上的年齡更成熟。

□五歲兒童

● 開始變得比較穩定，比較嚴肅，比較平衡穩定。

- 開始發展出對自己家人正面積極的感覺。
- 合作的能力也開始成長。

鼓勵孩子的社會關注

教導孩子社會關注是父母最重要的任務之一。所謂社會關注，指的是對別人的關心，以及願意和別人合作。社會關注是以互相尊重為基礎的，有太多的孩子只學會期望別人為他服務，而不知道自己幫助自己。在你幫助孩子培養責任感的計畫中，也該包括一項：特別注意培育孩子的社會關注。

以下這些建議對培養孩子的社會關注可能有幫助：

- **趁早教導鼓勵孩子幫助他人。**讓他做些能力所及的家事，對助人的重要性不時加以大聲嘉獎：「有人幫忙洗碗真好！」「幫爺爺做事感到真愉快，是不是？看爺爺高興的不得了呢！」
- **盡可能讓你的孩子對自己犯的錯加以處理收拾**——讓他收拾自己亂丟的東西，

清理自己打翻的食物飲料。如果你老是自動介入幫他們收拾清理，他將很難學到合作的價值觀。

- **不要期望太完美。**對小孩努力做事的用心加以肯定與接受，這樣可以使孩子放心地參與，而不會退縮。
- **對孩子的努力及進步給予鼓勵。**鼓勵是讓孩子對周圍世界產生興趣的一種奇妙而有效的方法！受到鼓勵的孩子會持續不斷地去接觸新經驗——獨自或與別人一起去接觸新經驗。
- **不要對孩子第一次的成果加以糾正。**不要因為床上的被子沒摺平而為他再摺一遍，批評會磨滅合作精神。
- **讓孩子參與家庭、宗教及社區活動。**在家庭會議、烤肉、幫鄰居油漆等活動中，與孩子一起玩、一起工作、一起學習，以實際活動教孩子社會關注的意義。

正如情緒發展的問題一樣，社會發展包括許許多多層面的因素，無法一一在此詳加闡述。在此列出五項多數父母特別關心、感興趣的社會發展事件加以討論：誠實，對攻擊行為的處理，訓練大小便，上床時間以及吃飯時間。

誠實

我們都要自己的孩子誠實。在學前期，父母往往開始看到和聽到孩子表現出一些似乎不太誠實的事；但是我們該知道，誇張及編造故事是學前兒童的典型行為。

當小孩子在誇張事實時，通常是在表達他內心期望這是真實的事：「看看我！我是世界上最強壯的女人！」我們可以認同對話中所隱藏的期許：「你希望你是世界上最強壯的女人，是不是？」

孩子也會為了某些理由（和成人同樣的理由）而說謊，他們說謊是為了得到好的結果，或為了避免壞的結果。但是，幼兒並看不出為得到自己所要的，或為達到這個目的而說謊有什麼不對。

假如孩子說謊，千萬不要反應過度。告訴他誠實的重要性，並讓他知道當他表現誠實時，你有多高興！你也許也要讓他知道，你不容許說謊把過錯推給他人或逃避責任的行為。例如：「當我聽到一個不誠實的故事時，我感到很憂慮。我們需要談談到底真正發生了什麼事情。」在其他某些情境，你可能只選擇對小孩子的謊話不給予任何注意。

處理攻擊行為

我們都聽到過所謂的「小霸王」，小霸王的頭銜通常落在那些不講道理、只想操縱別人、遂行己意的小孩頭上。身為父母，我們有時也許必須處理攻擊行為造成的問題，這些行為可能出自自己的孩子，也可能來自他人的孩子。

(1)當別人的孩子表現攻擊性時：父母需要決定如何處置攻擊行為，孩子需要學會在別人對他霸道不講理時，他有什麼辦法可以用來對付：

- 孩子也許不免需要和具有攻擊性的孩子在一起。
- 你也許需要把這孩子送回去。
- 孩子也許需要變得更堅定，堅持他能與不能接受的事；然後，他必須面對其他孩子，不再當犧牲的羔羊。
- 你可以先幫助孩子在家中發展出他的勇氣，這有助於他面對挑戰。

(2)當你自己的孩子表現攻擊性時：如果孩子威脅到別的小孩，你需要先了解清楚他行為的目的何在。他也許為的是權力或控制，那就該幫他以比較可接受的方式達到這目標。如果孩子仍繼續霸道不講理，那他是選擇不和別的孩子一起玩，他因而需要受到限制。持續的霸道攻擊行為則也許需要專家的諮商輔導。

訓練幼兒大小便

過早訓練幼兒大小便會使父母及子女都遭受挫折。通常，在兩歲以前，幼兒的生理發展並不到能控制肛門及膀胱的階段；換言之，大小便訓練大約可在兩歲和三歲之間訓練完成。要注意到孩子個人的發展速率，在訓練大小便期間不要太過強迫或給孩子壓力，這是很重要的。

在訓練幼兒大小便時，你可以遵循下列的一些基本步驟：

- 給幼兒一個名稱來稱呼大便及小便，這些名稱可以幫助小孩了解你所說的是什麼意思。比如在你替小女兒換髒尿布時，你可以說：「小南茜的尿布上有『便便』。」然後，教她知道大便後要做什麼：「小南茜在尿布上『便便』了，必須換尿布！」

● 如果孩子在看見他人上廁所後加以模仿，這表示他也許已經可以開始使用馬桶了。買個小孩用的馬桶，觀察幾天看他是否有興趣使用。開始時，鼓勵他每天定時坐在馬桶上，但不要強迫他一定要有「結果」。然後，讓他每天在馬桶上坐幾次；在可能的情況下，盡可能讓他在平常排泄的時間坐在馬桶上。

● 一旦孩子能成功地使用小馬桶幾個禮拜後，下一步就是讓他穿吸水力強的訓練用內褲。如果你逼得太緊，小孩也許會感到害怕或不自在，而且會有「意外」發生。對於意外及退步的現象要欣然處之：「意外事件是難免的！你可以換上乾淨的褲子，再試試看！」小便的控制通常比大便的控制來得早，白天也比晚上容易控制大小便。

● 有時候提供特別的矯正辦法，對防止夜間尿床也有幫助：「上床前不要喝水，怎麼樣？」不要在夜間叫醒孩子上廁所，這樣不但會對小孩造成壓力，而且會變成是你在負起他自己醒來上廁所的責任。

大部分孩子在滿三歲時都已能控制大小便，而且一般來說，女孩子比男孩子在控制大小便上成熟得早。對於偶爾暫時性的退步情況要處之泰然，不要把它當成過錯。幫他清理乾淨，並表現出你的敏感及關注：「你一定感到非常不舒服吧！」

睡覺時間

你的孩子需要有充足適當的睡眠及規律的休息時間。特定的上床時間及有規律、愉快的休息常規，對小孩子的行為有正面的影響，對小孩的健康發展也是很重要的。

很多嬰兒在感到需要時，會自願、有規律地睡覺；即使是個易煩躁的嬰兒，通常只要拍拍他的背，或輕輕地搖一下子，也能入睡。在小孩進入幼兒及學前期時往往會拒絕上床去睡覺，他們也許會提出些要求，例如要喝水，要擁抱，要上廁所，或編造其他更多的理由，為的就是拒絕上床睡覺。有時小孩也許會編造一些想像的問題或恐懼事件，有時也許是因為午睡睡過頭，或太晚睡午覺的緣故。

父母可以用下列方法來建立睡覺時間的常規：

- 在白天時事先與孩子討論睡覺時間的問題，告訴他你認為他已經長大了，可以自己睡，因此你不會和他一起睡。

- 在下午早一點讓他睡午覺，而且午覺時間不要超過一個半鐘頭。
- 盡可能預期孩子在上床睡覺時會有什麼樣的要求，在你盡可能滿足他所有需求後，以友善但堅定的態度告訴孩子，這是最後晚安告別的時間了，然後，說到做到，不要再介入更深。
- 事先宣布這是最後一個故事或最後一首歌，之後你即將離開孩子的房間。
- 在安頓孩子上床後到他入睡前，對他的任何尋求注意的叫喚都不要加以理會。

如果孩子半夜醒來，開始哭泣，而且不願回到自己的床上，以下的辦法或許會有幫助：

- 確定孩子並沒有受到嚴重驚嚇或生病，不是尿布溼了要換尿布，也不是口渴。
- 把他放回自己的床上，離開他的房間。千萬不要把他放在你的床上和你睡，也不要和他一起躺在他的床上。
- 堅定、友善又耐心地照上述方式持續下去，你將會有成功的一天。

吃飯時間

很不幸的，吃飯時間常會被一個成長中、逐漸獨立的孩子，拿來當做逞強搗蛋的場合。以下一些建議可以幫你避免吃飯時間變成一種苦鬥：

- 吃飯及點心時間要保持正常，避免在正規以外的任何時間給孩子點心。不要給高糖分的餅乾、飲料，提供一些有營養的食品，例如乳酪、水果或果汁，並且在正規的點心時間給孩子吃。
- 不要期望孩子在飯桌上超過十五或二十分鐘，時間一到，允許小孩離開飯桌，並將他的食物收起來。
- 給予少量食物，等小孩吃完後再多給一些。如果他開始玩弄食物，立刻收起來不讓他再吃。
- 避免把吃飯的事和你與孩子的親子關係扯在一起。以食物當做獎賞或堅持孩子「吃乾淨」，只會把飯桌變成戰場。
- 家庭的食物力求變化，可以考慮做些孩子愛吃的菜，但不要變成只固定做某些菜，或為某位家庭成員「特別」做某道菜。試著去探索小孩愛吃什麼或要吃什麼，不會給孩子應得的營養，只會給孩子過度的注意或讓他得到權力。

- 規定吃甜食的量和時間。

鼓起勇氣面對挑戰

《阿德勒的幼兒教養課》所談的大多就是有關勇氣的問題。本書中的所有原則及方法都是在幫助孩子發展勇氣，我們希望孩子長大能勇敢堅強——勇於面對挑戰，克服挑戰。

勇氣不僅只是小孩需要而已，養育子女也是一種挑戰，父母也需要勇氣才能成功面對這些挑戰。當你對孩子堅持而又公平，堅守自己的信念，但也同時顧及了解孩子的信念，這都是勇氣的表現。

身為父母的我們很容易對孩子憐憫、同情及過度幫忙，因為我們都不願看到孩子掙扎苦戰或受到傷害，而且我們也都喜歡做些讓孩子高興的事情。然而，我們能給孩子最值得的愛的禮物是成長的機會，希望他們成為負責、合作及有自信的人。在我們創造尊重的家庭氣氛時，就已經為孩子種下互相尊重的種子了——從對孩子個人需要及能力的了解，我們學到為孩子建立合乎實際的期望；從給予孩子鼓勵和正向的溝通中，我們為孩子建立了他們對自己及他人的信心和了解；從保持孩子的自由和合理的限制之間的平衡中，我們為孩子培育了自律的精神。這種種教養行動中，我們已為孩子建立了勇氣。

我們自身的耐心、了解以及自我接受，能夠幫我們度過教養子女過程中的種種酸甜苦辣。在我們養育嬰兒、幼兒及學前兒童的過程中，我們也為長久的親子關係立下了基礎——以愛和互相尊重為根基的親子關係。

本週活動

用表7-1來計畫教養子女的策略及評估進步情況，至少完成一項挑戰。

表 7-1　我的計劃：如何面對教養子女的挑戰

孩子姓名：

挑戰一：

我已經試過的辦法：

我心中阻擾進度的信念：

我面對挑戰的計畫：

我的進步：

挑戰二：

我已經試過的辦法：

我心中阻擾進展的信念：

我面對挑戰的計畫：

我的進步：

要點提示

1 你的支持、了解及鼓勵，都會影響到孩子的情緒發展。要察覺孩子的情緒，也要敏感，同時訂下底限。我們也應該認識到，孩子也許會選擇用情緒來得到注意、權力，或報復、表現能力不足。

2 幼小的孩子不會說話，因此以哭泣來表達他們的感覺及需求。他們也可能以哭來控制父母。

3 孩子的悲傷情緒可能是對失去某物的反應，也可能是用來表達其他感覺的方式。細心傾聽，並表現出你的理解，幫助孩子對自己的感覺有所察覺。

4 大約從十八個月到三歲半之間，小孩的嫉妒情緒特別強。尤其當家中新添個嬰兒時，這種情況更可能發生。

5 幫助孩子應付害怕及焦慮的方法：

- 要了解恐懼是正常發展過程中的一部分。
- 了解孩子為何會恐懼。

● 維持你所設的界限規則，不要改變。

● 幫孩子學習為感覺找到適當的發洩方式。

6 發脾氣可能是小孩沒有能力用語言表達感覺，或無法做他想做的事時所產生的挫折感使然。讓小孩哭泣發洩這種情緒；然後加以安慰。發脾氣也可能是小孩用來對付父母的武器，可以用忽視來處理這類的脾氣，或者用暫停的辦法來對付。

7 每個幼童生活中都難免會有壓力，小孩子也許會以生理上的病症（例如頭痛或肚子痛）來表現出他們的壓迫感。

8 孩子在三歲到五歲之間，開始學習什麼是社會接受的，什麼是不可接受的行為。除了定下限制外，父母也需要對孩子的正面行為給予注意。

9 激勵培養孩子的社會關注，教導他們關心他人、服務他人及願意與他人合作。

10 說謊及過度誇大是學前兒童的正常現象，他們說謊為的是得到較好的結果或避免惡果，或只不過表示他們期望這事是真實的。不要對說謊反應過度。

11 如果孩子受到「小霸王」的欺侮，那他需要學習怎麼對付這類具攻擊性的孩子。假如孩子是個「小霸王」，那你就要設法了解他的行為的目的是什麼，並幫助他以比較可接受的方式來達到他的目的。

12 不要過早訓練幼兒大小便，孩子在兩歲前通常生理發展尚未達到可訓練的地步。

13 特定的睡覺時間及規律性、愉快的睡眠習慣，對小孩的行為有正面的影響。

14 不要讓吃飯時間成為你和孩子間權力鬥爭的時刻。

15 孩子需要培養勇氣——願意去面對挑戰及解決困難的勇氣。父母也需要勇氣來面對教養子女的挑戰。

給父母的話：如何處理你的情緒

情緒事實上是一種思考的形式，我們在自己內心思索著某些事時，就創造出我們的情緒。首先，我們告訴自己，我們、他人或生活必須或應該是怎麼樣才對；然後，當我們、他人或生活並不如我們的意時，我們因而生氣——通常會過度生氣。

以下是十二個引起我們生氣，造成問題的一般信念：

1 我必須是完美無缺的。

2 我必須拿第一名。

3 我非贏不可。

4 我非成功不可。

5 我必須控制所有情況。

6 我必須討每個人的喜歡。

7 我必須是正確的、對的。
8 我一定要給人家一個好印象。
9 別人一定要依我的意思去做。
10 別人一定要了解我的貢獻。
11 生活一定要公平。
12 生活應該是件容易的事。

如果你持有一些這類的信念，也許會把所有不如意的事件都看成是大難臨頭，而不僅僅是個小煩惱。在不如意的情境發生時，你不會相信自己、他人及生活是有價值的；反而，你也許只會埋怨自己、他人或生活。你會趨向於認為自己無法處理這種情境，而不會考慮到比較有用的信念——那就是：我可以處理這情境，即使我並不很喜歡。

改變這種消極型態的思想，關鍵在於：認定並非所有事情都非得如我願才可以。如果我們了解並相信這點，就比較不會過度生氣。我們或許會感到不安或失望，但並不會感到每件失望的事情都是大災難。

如果你發現自己很生氣時，檢討一下上述的十二個信念，看看你能不能找出一個引起你苦惱的信念，然後採取下面的步驟：

- 把這情境看做是一件不幸的事，而不是大災難。
- 能夠接受不完美的事情，不要過於責難。
- 認定自己能夠接受生活的任何挑戰。
- 認定並非所有人、所有事都非得順自己的意才可以。

接受這些將會改變你的感覺。

國家圖書館出版品預行編目（CIP）資料

阿德勒的幼兒教養課：培養孩子面對挑戰的勇氣／
Don Dinkmeyer, Gary D. McKay & James S. Dinkmeyer
著；王敬仁譯. -- 初版. -- 臺北市：遠流, 2016.02
面；　公分. --（親子館；A5032）
譯自：Parenting young children : helpful strategies based on Systematic Training for Effective Parenting (STEP) for parents of children under six

ISBN 978-957-32-7774-3（平裝）

1. 親職教育 2. 育兒

528.2　　105000231

Parenting Young Children, 1st edition
by Don Dinkmeyer, Gary D. McKay & James S. Dinkmeyer

親子館 A5032【父母效能系統訓練】
阿德勒的幼兒教養課
培養孩子面對挑戰的勇氣

作者：Don Dinkmeyer, Gary D. McKay & James S. Dinkmeyer
譯者：王敬仁
主編：林淑慎
執行編輯：廖怡茜

發行人：王榮文
出版發行：遠流出版事業股份有限公司
100 臺北市南昌路二段 81 號 6 樓
郵撥／0189456-1
電話／(02)2392-6899　　傳真／(02)2392-6658

著作權顧問：蕭雄淋律師
2016 年 2 月 1 日　初版一刷
2021 年 3 月 16 日　初版五刷
售價新臺幣 260 元（缺頁或破損的書，請寄回更換）

ISBN 978-957-32-7774-3　（英文版 ISBN 978-0-88671-356-0）
遠流博識網
http://www.ylib.com　　E-mail: ylib@ylib.com
【修訂版《幼兒期教養法》，2003 年出版】